多学科视角下的体育人文社会学

杨潞然　著

中国纺织出版社

内容提要

体育是人类文明的一种体现。因此，体育发展到今天，已经成了人类文明当中的杰出代表，与很多人文学科有着不可分割的密切联系。本书将从这一点出发，从多学科的角度来对体育人文社会学的各个方面进行全方面的深入研究。

图书在版编目（CIP）数据

多学科视角下的体育人文社会学 / 杨潞然著. --北京：中国纺织出版社，2018.1（2025.5重印）
ISBN 978-7-5180-2626-5

Ⅰ. ①多… Ⅱ. ①杨… Ⅲ. ①体育运动社会学-研究 Ⅳ. ①G80-05

中国版本图书馆 CIP 数据核字（2016）第 112633 号

责任编辑：武洋洋　　　　责任印制：储志伟

中国纺织出版社出版发行
地址：北京市朝阳区百子湾东里 A407 号楼　邮政编码：100124
销售电话：010-67004422　传真：010-87155801
http：//www. c-textilep. com
E-mail：faxing@ e-textilep. com
中国纺织出版社天猫旗舰店
官方微博 http：//www. weibo. com/2119887771
河北晔盛亚印刷有限公司印刷　　各地新华书店经销
2018年1月第1版　　2025年5月第13次印刷
开本：710×1000　1/16　印张：11. 875
字数：213 千字　定价：88.00 元

前　言

体育运动是伴随着人类文明的产生而出现的，自从人类有了体育的概念以后，关于体育人文社会学的讨论就没有停止。直到现在，我们大家都很明了，体育人文社会学是人文科学与社会科学相互结合的产物，也是以人文社会现象以及规律为研究对象的学科。体育人文社会学的产生和发展为人类体育文明的建设起到了推波助澜的作用，受到了很多专家和学者的竞相讨论和研究。但是，不同领域的人群在体育人文社会学的认知程度和方向上有很大的差别，那么我们就有必要从多个学科视角下来讨论和分析体育人文社会学的有关问题。

“一千个人心中会有一千个哈姆雷特”，同样，对于体育人文社会学的认识也会有这样的现象，无论是从经济学、社会学、哲学、传播学、法学、美学、史学等各个方面来看待这个问题，都会有不同的结论。那么，本书就综合性地阐述了当今体育界对于体育人文社会学的各领域的有关认识，从而为人们更好的研究体育人文社会学提供一定的理论依据。

本书主要分为三个部分，第一个部分为第一章和第二章，主要讲述了体育人文社会学的概念、发展历程以及现代体育的人文观和社会观，以一些基本的理论概念和史实为依据，为体育人文社会学的进一步研究奠定基础；第二个部分为第三章，主要讲述了东西方体育文化的差别，以及新时代下东西方体育文化的碰撞与交融；从第四章到第七章是第三部分，也是本书最精彩的部分，从艺术、哲学、法学以及奥林匹克运动的角度去剖析体育人文社会学。

总体上来说，本书逻辑清晰，内容丰富，具有一定的理论价值，其中提出的一些对于体育人文社会学的有关意见和建议契合了当今体育发展的现状和社会发展的需求，体现了本书的科学性和时代性。理论的发展最终是为了指导实践，希望本书能够在人们探索体育人文社会学的道路上尽微薄之力。

本书在撰写过程中，对前人有关体育人文社会学的资料进行了借鉴和吸收，在此对其作者表示诚挚的谢意。由于时间仓促，水平有限，书中难免会有遗漏不妥之处，恳请广大读者朋友批评指正。

编者

2016 年 4 月

目　录

第一章　体育人文社会学综述

人文社会科学是人文科学与社会科学有机结合的产物，它是一门以人文社会现象和规律为研究对象的科学。体育人文社会科学是以体育领域中各种人文社会现象和规律为研究对象的一种社会科学。

本章总结和概括了体育人文社会科学的历史、现状和发展，以及体育人文社会学研究的现状与发展等问题。对人文社会科学的研究方法进行了重点性的讨论，并且从理论研究和实证研究两个层面对体育人文社会科学的研究方法进行了一定的讨论。

第一节　人文社会学概述

一、什么是人文社会学

（一）人文社会学是人文学与社会学融合的产物

一般认为，所谓的科学就是对事物的本质属性和规律性的基本认知，以及获得这些认知的一些方法。它主要包括了自然科学、人文科学以及社会科学。由于人文科学与社会是不可分割的一部分，当然人文科学与社会科学也就紧密相关，所以人们对人文科学与社会科学没有明显的区分开来，进而就出现了现在意义上的社会科学或者人文社会学。

古人常常把人类的各种学问统称为“智能之学”，或曰“哲学”，其实就是人文科学。一般认为，人文科学是以人的内心活动、精神世界、文化传统（人的精神世界的客观表达）以及它们之间辩证关系为研究内容、研究对象的学科体系，它以人的生存价值和生存意义当作研究的主题，它所研究的是一个精神和意义的世界。人文社会学不仅包括文、史、哲，而且还包括了由这一学科所衍生出来的其他一些学科，如美学、宗教学、伦理学、文化学、艺术学等等。

（二）人文社会学的属性与功能

人文社会学的人文以及社会特质决定了人文社会学的双重属性和双重社会功能。

1. 人文社会学的双重性

人文社会学的双重属性就是人文社会学包含了科学性和价值型两种不同的性质。

任何科学的科学性都会体现在它反映客观事物的规律上，当然人文社会科学也不例外，在人文社会科学的研究中，务必要尊重客观规律，从客观存在的事实材料出发，从实际出发，按照一定的科学程序，运用科学的方法去进行进一步的研究，独立地得出科学的结论。在人文社会科学的研究中，决不能从主观愿望出发，从利益需要出发。

人文社会学是社会经济、文化和政治上的一种有效反应，它所研究的是人和人类社会的自身。所以，人文社会学一定而且必须会有很大的价值，它不能只“严于求真”而“疏于求善”，而必须把“真理”与“价值”、“求真”与“求善”统一起来。

2. 人文社会学的双重社会功能

人文社会科学的双重社会功能是指人文社会科学兼有科学认知和意识形态两种社会功能。

“意识形态”（ideology）作为社会意识的一部分，是相对于“社会存在”而提出的概念，“意识形态”是某个特定的阶级从自己的历史地位和自身的利益出发，用理论形态表现出来的对于现存的社会关系（特别是经济和政治的关系）的一种态度以及观念的总称。它在本质上是统治阶级的自觉意识的理论表现。

人文社会学作为人类精神和社会活动的自我反思，人文社会学往往具有一定的阶级倾向性，不可能存在为某一个阶级、一个政治制度有效地服务。为此，人文社会学必须要坚持科学性和价值性相互的统一，最大程度地去维护本国、本民族的价值观念和社会利益，进而为我国的社会发展尽一份绵薄之力。

二、人文社会学的研究方法

人文社会科学的研究方法可以分为三个层次。

第一层次是人文社会科学研究的方法论。

第二层次是各门人文社会科学通用的研究方法。

第三层次是各门人文社会科学自身所特有的专门研究方法。

下面主要介绍人文社会科学研究中通用的研究方法。

（一）实证研究方法

从20世纪以来，社会科学中越来越多地用到了自然科学中所运用的研究方法。尤其是数学方法被大量地应用在了经济学之中，与此同时，统计学在经济学、社会学和政治学中也被广泛地应用。这样一来，使用数学方法进行定量的研究已经成为一门大家都认可的科学，也是具有更为完善的形态的重要标志，因为客观的世界既包括自然的现象也包括了人类的社会，它们都有量的规定性。

在人类生存的社会中存在着大量的记载人文、政治、社会、经济、历史等方面的资料，这些非常有价值的资料形象地反映了社会现象中相对复杂的数量关系和结构，我们只有掌握好了这些资料，并且能够用数学的工具进行一定的分析和研究，我们才有可能进一步对社会的现象进行深入的研究。

在人文社会科学研究的时候我们需要参考到大量的书籍资料，只有这样我们才能够真正从传统定性研究逐渐转向定量的研究，进而使定性的研究和定量的研究相互结合，然后这门学科在最大程度上获得更加完备的科学形态，使人们对社会的现象认识能够进一步的精确。

计算机的出现让人们从大量的简单的工作中解脱出来，为人文社会学的研究创造了一个良好的技术条件。

数学模型在近几年引起了很大的反响，尤其是社会科学的研究者们更加青睐这样一种研究模式。

人们更多的是希望能够通过对社会有关的实际问题的某些资料进行分析，进而找出现实社会中寻找存在的一些问题，以及这些社会现象与资料所记载的一些关系，然后建立一个相对合适的数学模型，最后对这个数学模型做出最合适的解释和评价。

下面我们就简单地介绍一下数学模型在人文社会学中各个学科中的应

用情况，并作简要分析。

1. 经济学

在社会学、心理学、政治学中会经常用到经济学中经常用到的投入——产出模型、最优化模型以及经济预测模型等等，甚至在人文科学中，这种数学模型的方法在一定程度上也会被运用到。

2. 史学

在史学的领域，由于史料记载中的某些缺漏、不连贯以及不详实的情况，给运用一般的数学方法带来了一定的困难。于是，很多的史学工作者会引入一种灰色的系统方法，利用分布在历史上不同时期的白色资料，进而建立起一个时间连续的动态模型。有人运用这种方法对我国唐朝前期的人口问题进行研究，取得了较为满意的结果。

3. 文艺

在文艺领域的研究，人们会引入统计学的方法来研究作品中的人物关系、作家的语言风格等等。当然，熟练的运用自然科学的方法对于文艺工作者来说是有一定难度的。

我们需要特别注意的是，自然科学的研究方法应用不是越多越好，一定要根据不同学科的特点和实际需要，具体情况具体来分析。

（二）理论研究方法

理论研究是人文社会学研究的另一种特有的方法，理论研究的方法又可以分为逻辑思维方法和理论分析方法两类。

我们知道，任何的科学都不能离开逻辑思维而单独存在，对于自然科学与人文社会科学的研究更是这样，我们只有充分掌握了逻辑分析的基本方法，才能有效地进行理论上的研究，人文社会学的研究逻辑包括了形式逻辑和辩证逻辑。下面是人文社会研究中常用的逻辑方法。

1. 比较方法

比较是理论研究中最常用、最基本的方法。我们能够通过比较的方法更加有效地发现社会现象中的相同点和不通电，有了类似这样的比较我们就可以在诸多的社会现象中求同存异、异种求同，为了更好地研究社会科学奠定良好的基础。

其中比较的方法有很多种，我们可以纵向比较、横向比较、同类的进行比较、在功能上进行比较、在动态上进行比较等等诸多的比较形式。

在理论研究中，通常根据研究对象的特征和研究的任务，选择不同的角度和层次进行比较，以揭示事物之间的共同点和不同点。其中最常用的有纵向比较、横向比较和动态比较。

2. 归纳与演绎

（1）完全归纳法

完全归纳法要求根据某类事物的每个对象都具有或都不具有某种属性进行归纳，在社会研究中使用不多。

（2）简单枚举归纳法

简单枚举归纳法是在研究过程中发现某类事物中具有某种属性，并且不断重复而未遇到相反的事例，从而归纳出该类事物都具有某种属性。在人文社会科学研究中，简单枚举归纳法的意义主要在于给人以启发，引导人们去进行联想、假设，最终走向科学归纳。

（3）科学归纳法

科学归纳是一种建立在对事物发展的内在联系和规律性认识的基础之上的归纳。它是科学研究中的最重要的方法，人文社会科学研究与自然科学一样，要获得科学的结论，必须运用科学归纳法。

3. 分析与综合

（1）分析

分析方法是由人的抽象力的体现，个人的经验、已有的知识对分析起着重要作用。分析的方法很多，如定量分析、定性分析、因果分析、目标分析、相关分析、流程分析等等。在人文社会科学的理论研究中，因果分析、矛盾分析、结构功能分析、系统分析等是基本的分析方法。

（2）综合

所谓综合，就是把关于客观事物的各个部分、方面、要素联合为一个整体，进行认识的思维方法。

综合方法是人的思维能动性的高度体现。它是把关于研究对象各个方面的认识在头脑中再构造成一个理论整体的过程。这一整体本身又成为统率各个部分的主线，在理论研究中我们既要善于运用分析的方法，又要善于运用综合的方法。

既不能以一孔之见、局部分析代替整体认识，也不能以模糊的整体认识代替具体深入的分析。

与此同时，任何成功的社会科学理论和体系都需要我们建立在一个对“社会事实”的深刻了解和研究的基础上，这些要求我们要有严密的逻辑性和完整的系统性，一定要经得起社会实践的检验。这也使得逻辑方法本身的逻辑性不断得以改进与提高。

三、人文社会学的价值

人类的历史和社会发展的事实已经证明，人文社会学对经济社会的发展具有很大的意义，这个价值和意义是不容置疑和不可忽视的。它的价值主要表现在以下几个方面。

（一）人文社会学是人类认识世界、改变世界的强大思想武器

人文社会科学研究关注着人类的前途和命运，不断揭示着社会真理，它为解决人类社会发展中存在和面临的各种问题，提供知识、理论和方法论基础。

为此，无论人的全面发展，还是社会的全面进步，都离不开人文社会科学的发展，它是人类认识世界、变革世界和完善自身的强大思想武器。

（二）人文社会学是经济发展的良好平台

现实社会中的经济体制和产业结构的调整变化、改组和运作，以及资源和要素占有、配置和运用，甚至知识和产品的生产、销售和服务都表明了人们改造大自然的能力和成果，但是在这一切变化的背后无不蕴含着深刻的思辨、价值和伦理等，同时也蕴含着社会规范等人文精神和无处不在的社会科学。

中国改革开放以来的历程已充分证明，正确的经济理论和政策一定会指导经济发展创造出无数个奇迹，但是没有正确的经济理论和政策我们可想而知经济的衰退情况。假设没有人文社会科学为社会各个方面指导出正确的经济理论、方针和政策，我们今天的经济状况将一塌糊涂。

（三）人文社会学是政治活动的有力工具

在社会革命时期，人文社会学位革命提供了指导思想和斗争的战略；在社会和平的时期，人文社会学表现出为统治阶级利益服务的政治功能。它以调整社会结构和利益，促进社会的良性运行作为自己的目标。人文社

会学在各个学科中以各种不同的形式主导着社会的发展以及统治阶级的利益。他们不仅和反映旧社会制度和结构的落后意识形态做斗争，而且也成了一种抵制新社会制度和结构的一种全新的意识形态。

（四）人文社会学是社会文化的重要载体

人文社会学是关于人文社会现象以及规律的系统知识，自觉学习和运用这些知识，可以让人精神充实、心灵净化、视野开阔，提高解决人生问题、社会问题的能力。

人文社会学知识的良好教育和普及，不仅能够对人类形成良好的道德风尚、培养崇高的理想境界有一定的促进作用，而且还能够最大限度地塑造一个人的民族意识，具有很深远的影响。

人文社会学素养是任何一个优秀的民族必须具备的，没有人文社会学素养的存在，那么这个民族的未来堪忧。人文社会学负担着培养和提高各个专业人才的政治思想素质、人文素质、艺术素质等独特的责任，使人们形成远大的理想，坚定的信念，正确的人生观和价值观，并且获得观察和解决现实社会问题和矛盾的基本方法和认识能力。

（五）人文社会科学是科技进步与创新的基本前提

当今的时代是发展的时代，是进步的时代，更是科技的时代，随着科技发展速度的不断加快，人文社会学的引导作用也逐渐地显现出来了。

假如没有繁荣发展的人文社会学，自然科学也就逐渐地失去了方向。

我们说，进步的科技并不一定会造福人类，有时发达的科技很有可能会对人类的发展造成一定的危害。

只有发达的科技成果能够被人类自身所控制，并且人类对于如何去安排和利用这些成果有一定的时间和空间上的先见之明时，它才能够真正地去造福人类。

人文社会学在社会启蒙、社会设计以及社会整合方面为科学技术的创新提供了正确的方向、永续的动力以及强大的诱因，同时为技术和经济之间的有机结合、技术和社会之间的和谐发展创造出了必要的资源条件。

四、当代人文社会科学研究的特点和趋势

（一）人文社会科学的应用性加强

当代人文社会学的应用性研究明显地加强了，在参与决策和社会管理

以及解决经济问题、政治问题方面都起到了重要的作用。

人文社会学在实际运用的过程中已经逐渐形成了一套相对成熟的“社会技术”，那就是要在经验和理论的基础上进一步总结出一些社会问题，进而管理社会过程的一系列手段和方法，并已经成为现代智能技术的重要组成部分。

（二）人文社会科学研究的综合化趋势

当代人文社会科学研究具有明显的综合化趋势，不仅表现在人文社会科学之间，也表现在人文社会科学和自然科学技术之间。

当今时代，任何重大问题都不是单一学科能解决的，必须制订各门学科相互配合、协调发展的计划。

（三）人文社会科学研究的科学性

当代人文社会科学研究已不限于个人研究方式，具有明显的“大科学”模式。越来越多的跨学科的集体研究、新的软件系统的建立、广泛进行的大规模社会实践和社会工程、社会指标系统、社会预测和科学评估的研究等大型研究，对政府政策的制订和社会规划产生了重大影响，使人文社会科学成为社会公众最关注的科学。

（四）人文社会科学的社会建制

当代人文社会学的研究成为独立的社会建制的趋势越来越明显，并且这个趋势和人文社会学注重研究重大紧迫的现实问题有很大的关联。

目前世界上其他国家的做法是：重大现实问题和应用问题的研究由专门的人文社会科学研究机构承担；学科基本理论研究和学科发展则主要由大学的研究人员承担，并与教学紧密结合。

（五）人文社会科学的国际合作增强

当代人文社会科学研究的国际合作与交流日益增强。全球性和区域性问题吸引着各国人文社会科学家开展广泛的合作研究。

信息网络为文献信息资源共享以及研究成果的交流，提供出了一种比较方便的手段，当然这种相对国际化的趋势，并不能够排除人文社会学的研究在每个国家有其特征的历史、民族意识和形态的特点。

第二节　体育人文社会学概述

一、体育人文社会学的研究对象和性质

体育人文社会科学是以体育领域中各种人文社会现象及其规律为研究对象的科学。体育人文社会现象及其规律的特殊性决定了体育人文社会科学研究对象的特殊性。

体育人文社会学从人文科学和社会科学的视角来研究体育，涉及社会学、经济学、管理学、法学、哲学、政治学、历史学、伦理学、美学、心理学、教育学等学科，并交叉形成体育社会学、体育经济学、体育管理学、体育法学、体育哲学、体育行政学、体育史学、体育伦理学、体育美学、运动心理学等诸多学科。

体育人文社会学实际上是在体育科学和人文社会学的基础上逐渐发展起来的一门综合性学科，随着社会和体育的不断进步和发展，体育人文社会学的范畴在以后还会不断地扩大和深入。

二、体育人文社会学的产生

（一）体育领域的人文社会问题需要科学的理论来解答

体育自其诞生之日起，其中的人文问题和社会问题便如影随形。在漫长的社会发展过程中，各种各样的人文问题和社会问题会逐渐地在体育的领域中反映出来。

随着我们国家经济社会的不断转型和全面的发展，体育事业的发展步伐正逐渐加快，整个社会在发展过程中遇到的一些问题也以各种不同的方式折射到了体育这个小社会中来，无可避免地在体育领域反映出的人文与社会问题较之以往也更为突出，参与体育运动的各利益群体会因利益的分配产生种种矛盾，与市场经济体制相适应的行为方式和情感方式正在缓慢地发育，而一些不健康的文化在法律道德体系不完备的情况下滋长出来。

历史上遗留下来的文化流氓也逐渐地显现出来了，并且在体育文化的领域中伺机寻找滋生的机会。在这样一个丰富多彩，如万花筒般变化的社会环境里，体育当然不可能把种种问题都隔绝出去。随着社会和体育自身发展的需要，这些问题都需要理论的求索和阐释。体育人文社会学一定要责无旁贷地承担起探究、解释和解决这些社会问题的学术责任。

（二）体育实践的发展需要科学的理论做指导

科学发展是社会实践的强劲动力。自从改革开放以来，我们国家的体育改革和发展正在面临着转型期所需要面临的挑战，现在体育事业的发展应该依靠于各级部门的理性分析和科学的决策，体育实践的需要呼唤和推动着体育人文社会学的发展。

运用人文及社会学的理论方法从事体育人文社会学的研究，在建立和完善我国体育方针、政策、法规方面发挥着重要的作用，这为体育人文社会学的产生创造了条件。

（三）体育人文社会学产生的条件日益成熟

随着我们国家的转型速度不断的加快，社会化的大生产也不断地向深度和广度去发展，人们的生活水平得到了很明显的提高。科学技术的进步日新月异，促使社会科学各门学科快速发展。

人文社会科学开始注重从单一的经济发展向综合的社会发展转变，从以物为中心的发展向以人为中心的方向转变，从追求一时的繁荣向可持续发展的方向转变，提出了两个文明建设一起抓的战略思想。

体育工作领导机关出于民主决策、科学决策的需要，也从 20 世纪 80 年代初开始重视体育理论研究，加强和改进了体育人文社会科学研究工作的领导和管理，积极倡导理论研究。

社会、经济、文化等环境的日益改善和提高，都为我国体育人文社会科学的产生提供了良好的条件。

（四）体育理论的分化最终催生出体育人文社会学

体育人文社会学的“前身”是“体育理论”，而“体育理论”是苏联的“体育教育理论”的简称。

20 世纪 50 年代确立起来的民族文化是苏联备战文化、中国革命战争年代的军事文化、产品经济时代保留的自然经济文化的合成物，并由这种文化逐渐地萌生出了适应当时历史发展条件的体育教育思想。

随着体育人文社会学的研究队伍、机构不断壮大，研究对象日益明确，体育人文社会学逐渐地发展成为了一门独立的学科。

三、体育人文社会学现状

经过国家科学规划办公室的批准和确定，1996 年，体育学逐渐地从教育学中独立出来，成了社会学中一门独立的学科。这是体育研究近几十年的发展的结果，是当时体育科学体系建设的里程碑。

1997 年国务院学位委员会和国家教委在一级学科体育学下设体育人文社会学、运动人体科学、体育教育训练学、民族传统体育学 4 个二级学科。国家社会科学基金自 1997 年起设立“体育学”，每年提供一定数额的体育社会科学研究经费，这标志着体育人文社会学正式确立了自己在体育学中的地位。

近年来，我国体育人文社会学学科建设取得了一定成绩，具体表现如下：

（一）整合研究力量

在中国体育科学学会下若干二级学会整合了分布在全国各高校和研究单位的研究力量。

（二）研究基地的出现

正式以体育（人文）社会科学命名的研究基地近年在院校或科研所发展起来。

（三）体育人文社会学学位增多

高等学校和研究所中的体育人文社会学硕士点、博士点、博士后流动站逐年增加。

（四）互联网的推波助澜

随着体育人文社会学的图书资料越来越多，运用互联网的手段把这些资料建立起来，形成一个庞大的网络，供人们去查阅。

（五）学术氛围逐渐浓厚

我们不难发现，在所有的体育类的学术期刊中，人文社会学的占比越来越多，即使现在体育人文社会学在一定的程度上有了进步的趋势，但是我们从总体上来看，我们国家的体育人文社会学还是相对落后的。学科的建设还是相对薄弱，在理论上的研究还是相对不足，没有形成自己比较完善的理论体系，并且体育研究的方法也比较薄弱，体育人文社会学的研究队伍整体素质不高，学科设置的相对比较散乱，合理性比较差等，使得体育人文社会学仍然肩负着比较现实和紧迫的学科任务。

四、体育人文社会学的学科任务

费孝通先生关于体育人文社会学学科任务的理解是：一个学科的建立和发展应“五脏俱全”，就是说，一个学科应该包括学会组织、专业研究机构、各大学的院系、图书资料中心和出版物，应该至少能够开出六门以上的基础课程。可见体育人文社会学学科的发展应该不断的追求和进取，为此，学科的发展一定要记得设定好阶段性的目标，尽自己的最大努力去实现时代赋予的学科任务。

（一）把握时代脉动，服务于经济社会发展的需要

体育人文社会学是人文社会科学现象在体育领域的反映，社会发展需要体育人文会学，体育人文社会学只有在不断满足社会发展需要的过程中才能获得发展的资本和理由。为此，体育人文社会学要紧紧把握时代脉动，积极探索与社会实践结合的途径，着力解决经济社会发展中需要解决的重大理论及应用性课题，不断拓宽学科研究的领域，提高研究能力。

与此同时，我们还要把现在面对的主要的现实问题进行一系列的总结和概括，进而形成一定的科学概念，最终将体育人文社会学的现实问题升华为科学的理论，用这些科学的事实、概念来进一步丰富体育人文社会学的各个学科体系。面向社会主义现代化建设，服务于经济社会发展需要，这是今后我国体育人文社会学发展的主旋律。

（二）创建具有中国特色的体育人文社会学学科体系

体育人文社会学的发展逐渐形成了一个相对成熟的、具有强烈的中国特色的体育人文社会学学科体系，这也标志着我们国家的体育人文社会学的发展也逐渐变得成熟起来了。所以，在我们今后的学科研究和学习的时候一定要加强重视体育人文社会学的新的增长点和新的领域，充分重视新兴的学科发展，对于相对薄弱的学科更要加强建设的力度。

凡是具有一定研究价值的，符合现代社会发展需求的，并且对于社会和科学的发展具有一定社会意义的，我们都要对其重视起来，并且把它们当作一个新的学科进行研究和探索，逐渐建立起一个拥有更多学科领域的相对完整的体育人文社会学学科体系。加强体育人文社会学学科体系建设，还要积极推进体育人文社会学研究机构的建立，不断发展壮大体育科研队伍，大力加强高校体育人文社会学学科专业的建设。

（三）创建体育人文社会学的方法论体系

成熟的方法论体系是学科发展的根基。目前对于体育人文社会学研究方法的研究比较少，体育人文社会科学还没有比较独立的自成体系的研究论体系，大多是借助别的学科的研究方法来进行研究。

因此，必须着力探讨体育人文社会科学一般方法论及各门学科的研究方法，需要将普通的研究方法和体育人文社会现象的独特性相结合形成专门的研究方法，创建具有中国特色的体育人文社会学方法论体系。

（四）拓宽体育人文社会学的研究视野

目前，我国体育人文社会学的总体理论框架尚未形成，体育人文社会学的功能、学科基本特点，人文学科与社会学科的关系，以及各分支学科的整合等许多问题还有待进行深入研究。体育人文社会学的研究重点现在有些走偏，重点研究的是与体育人文社会学有重点关系的学科，但是对于体育人义社会学的本身却没有引起足够的重视，所以说在我们国家形成的体育人文社会学的学科体系和知识的积累上面还有一定的欠缺。

现在很多的学科包括体育社会学、体育经济学、体育管理学等学科都是现在比较热门的几个学科，这些学科的研究仍然处在相对初级的阶段，对它们的研究还不够深入，所以我们在今后的学习和研究中应重点加强这类研究，并且还要总结好当代人类社会的变革以及中国的社会主义现代化的伟大建设，最终开创出一种新型的体育人文社会学的概念和理论。不断推出体育人文社会科学理论著作，并在日益广泛的国际学术交流中确立中国体育人文社会科学的应有地位。

（五）完善体育人文社会学的学术进步评价标准

学科的发展需要有一个比较完善的学科评价体系，而这是当前体育人文社会学发展中最为薄弱的一环。为此，需要确立体育人文社会科学学术进步的概念，建立一种符合各个学科特点的学术发展和评价的体系，规范学术的研究、出版等行为，为现代体育人文社会学的发展奠定一个良好的社会基础以及营造出一个利于它生长和发展的氛围。

第三节　体育人文社会学的基础学科

一、体育哲学

（一）体育哲学概述

体育哲学的基础就是以哲学为指导、以体育实践和体育中的具体学科为依据，从宏观层面来研究体育的基本问题以及矛盾的关系，进而揭示体育深层次的本质和辩证发展规律。体育哲学是科学的体育观和方法论相互统一的理论体系。体育哲学主要研究的就是体育的本质、矛盾和发展规律等，首先认清体育的经验，然后建立一种科学的体育观念和方法，最终表明体育的价值。

天、地、人大系统观，生命观，人体观，体育与社会的进步及人的发展，体育本质论和基本矛盾，体育价值观。体育思想的发展及体育文化的演进，体育科学论，体育哲学范畴论，体育科学方法论等都是体育哲学所研究的内容。

体育哲学作为哲学在体育领域中的具体应用和理论概括，形成于20世纪二三十年代，是现代科学高度分化、高度综合发展的必然产物。最早产生于北美，随之相继在西欧、东亚各国出现。70年代初成立了国际体育哲学研究会。

现在，中国体育理论体系日臻成熟。其基本任务是从体育的已有认识中概括出新的哲学范畴，以唯物辩证的思维方式指导体育运动实践和体育科学研究，为体育科学化、现代化发展服务，并对各门具体的体育学科起普遍指导作用。

（二）体育哲学学术研究

美国学者齐格勒早在20世纪60年代初就指出了把基础哲学理论导入

体育、保健和娱乐教育的重要性，在齐格勒看来，科学是能够记述体育现象的，但是哲学却能够帮助我们找到体育的本质。

关于体育哲学的学科位置。齐格勒认为，体育哲学是哲学领域的教育哲学的分支。因此他主张，体育哲学是哲学和教育哲学在体育领域中的应用。

关于体育哲学的主要内容，韦伯斯特认为，体育哲学由三方面的内容构成。第一，关于一般哲学的研究，第二，关于体育的本质、目的和体育各种学说的研究；第三，关于体育相关学科成果的研究。

早在50年代初，日本的著名学者前川峰雄就在《体育学原论》中，首先提到了体育哲学，并且首先提出了体育学的构成，构成体育学的四大基础是：医学基础、教育基础、心理基础和社会基础。并且由这四大基础学科构成了众多的体育学科。

他认为，体育的各种特殊科学只能解释说明那一领域的问题，但并不能从根本上揭示体育的本质。只有体育哲学可以作为解释说明体育的本质，并且可以作为体育整体的基础。前川峰雄认为，体育哲学应当包含两方面的内容。一方面把人作为一个整体，包括精神哲学和身体哲学在内的“人学”；另一方面是体育与社会的关系，即体育在社会中的地位、作用、功能等的“社会学”。

日本的体育学者阿部忍在他的《体育哲学探求》中说道：“体育哲学的是以体育的本质为研究对象，并且对体育进行哲学领域的研究，在人们考察体育本质的时候，一定要首先探究什么是体育，并且有无必要对什么是体育进行研究。”这里，阿部忍有两个比较重要的观点：

第一，体育哲学的主要研究对象是体育的本质。也就是说，体育哲学归根结底是要回答的问题是“什么是体育”。

第二，体育哲学的研究方法应当区别于社会学，心理学、生理学、解剖学等学科的方法，体育哲学主要采用哲学的方法。他认为体育哲学中的三个主要方法是演绎法、归纳法和辩证法。

我国体育学者龙天启在《体育哲学基础》一书的绪论中对体育哲学的含义、研究对象以及在体育科学中的地位进行了探讨。她认为，“体育哲学是以辩证唯物主义观点研究体育实践和体育科学发展的矛盾运动的普遍性规律以及有关体育运动的认知论与方法论问题的学科。”并主张体育哲学是哲学和体育相结合而形成的一门新兴学科。

在我国是马克思主义哲学在体育当中的应用，是用辩证唯物主义的观点对体育的理论和实践问题进行哲学探讨和科学解释的一门基础理论科学。

体育中存在的一些基本关系，如：体育活动中的主体与客体的关系，体育与社会、自然与人的关系。体育中的各种价值关系以及这些关系在认识上的反映。与龙天启一样，他也认为体育哲学的研究疗法是辩证唯物主义和历史唯物主义。

惠蜀在阐述体育哲学的含义、研究对象和研究方法的基础上，以人的活动为逻辑起点，对人的活动与体育，体育活动的特殊性及其形成和发展，体育哲学的基本范畴、体育的社会化。体育的价值，体育和人类的进步及发展，体育中必然向着自由的逐步转变等一系列问题进行了探讨。

综观上述美国、日本和我国体育哲学，各种观点之间存有明显的不同之处。美国学者把体育哲学看作是哲学以及教育中哲学的一个分支，是哲学在体育实践中的应用。

因此，美国的体育哲学侧重于哲学思想的研究，并分析各种哲学流派在体育实践中的反映和影响。日本学者认为体育哲学是与教育哲学、文化哲学等相并列的一个哲学领域，主张体育哲学主要是解释说明“什么是体育”这一体育的最基本问题。

我国的学者认为体育哲学不同于一般哲学，也不从属于教育哲学，而是哲学与体育的交叉学科，属于应用学科。另外，在美国和日本的体育哲学中把体育和竞技运动这两个概念区分开来，而我国的体育哲学中则把两者都作为体育。

因此，我国体育哲学研究对象的外延大于美国和日本体育哲学的研究对象。虽然各种观点之间存有差异，但是也有共同之处，即各种观点都认为体育哲学是研究体育最根本问题的一个领域。

在对美国、日本和我国体育哲学诸学说探讨的基础上，我们认为，体育哲学不单单是要回答什么是体育的问题，而且还要探究出体育对于人类和社会发展的意义。什么是体育反映了体育的本质，体育对社会发展起到的作用反映了体育的社会价值。所以，我们认为，体育哲学就是运用哲学的方法来探究体育本质和价值的学科。

二、体育史学

（一）体育史学的基本任务与特点

我们所说的体育史学指的就是记录、研究和阐述体育运动发展以及演变过程和规律的学科。体育史学是体育学的基础学科之一，同时也是体育人文社会学研究的基础和出发点。

体育史学的存在一定是有其历史任务的，主要就是按照时代的顺序，运用具体的史料和史实，来详细地阐述和揭示人类社会发展的各个历史阶段中运动的发展及其演变的规律，进而为当代体育运动的发展而服务。

从科学属性上来讲，体育史学跨越了体育学和历史学两个比较大的科学门类，不仅是体育学的基础学科，其研究对象是体育运动发展演变的过程和规律；而且属于历史学的专史研究范畴，是人类文明史与文化史研究的重要组成部分和分支之一。因此，体育史学在学科属性上具有交叉性与边缘性特征。

与体育科学体系中其他学科相比，体育史学的主要特点在于，它是运用历史学以及其他相关学科的研究方法来研究和阐述体育运动的发展规律与特点。

通过对体育史实的忠实记录和对有关史料的收集、整理，在此基础上运用分析、综合等多种手段，来研究和发现体育运动发展和演变的过程，从而阐述体育运动的发展规律与特征。

体育史学以体育运动的历史为其研究对象，具体而言，包括古代、近代和现代各大文明区域，各个国家与民族的体育运动发展史，以及它们之间的互动关系，与传统体育史学相比，现代体育史学不仅研究历史上各个时期的体育运动方式与表现形态，还研究不同历史时期的不同地域或国家、民族的体育意识以及教育思想等。

体育史学不仅在体育科学体系中占有重要的地位，而且对于当代体育运动实践具有重要指导意义与理论价值。从这一角度来看，体育史学堪称体育人文社会科学研究之母。从当代体育运动发展角度来看，体育史学具有独一无二的重要意义与作用。其具体表现为：

1. 记录历史

体育史学担负着真实记录体育运动发展史实的重要功能，从而为体育科学研究与理论建设提供必要的原料与依据。

2. 总结经验

体育史学担负着研究体育运动发展的经验与教训的重要功能，从而为当代体育运动发展与实践提供必要的借鉴与决策依据。

3. 推动进步

体育史学通过发现、保存和展示本国本民族的体育文化，从而为世界体育文明的发展与交流起着重要的推动作用。

4. 丰富历史

体育史学作为基础学科，在体育教育体系中承担着重要的教育功能，另外，体育史还为历史学提供了新的研究角度与研究领域，极大丰富了历史学研究成果。

总体来说，体育史不仅仅是一门理论性很强的学科，而且是一门具有很大的指导意义与作用的学科。它以自身的研究成果和结论，为体育科学理论提供了必不可少的理论基础和构造，并且为当代体育运动的实践提供了坚实的理论指导和决策论据。

（二）体育史学的基本研究领域

现代体育史学的研究领域是十分广泛的，一般情况下，有以下具体的研究领域：

从时间上分，可以分为体育通史和体育断代史两个部分。体育通史的任务和特点，是按照当时时代的系统，全面地阐述体育发展的历史。研究和解析历史上某一个时期的体育运动和发展特征是断代体育史的最主要的任务。

从空间上来分，可以分为体育思想史、专项运动史、体育教育史、奥林匹克运动史以及各种重要赛事史研究、体育历史人物研究、重大体育事件研究等等。

现在，我们正处在一个体育变革的过程中，这个时代以信息为背景、以高科技为特征、以产业化为动力。

体育史的研究范围和领域也逐渐地变得更加的广泛，开始是以运动本身的历史为主要的研究对象，后来逐渐的延伸拓展到了体育与政治、社会、人权、司法、艺术、科技、经济等等的关系或专门史研究。

经过历史的选择和时代的发展，现代体育史大致形成了以下主要的分支和研究领域：

1. 世界体育通史

世界体育通史是对人类体育运动产生、发展和传播的历史进行全面而系统的研究和阐述。世界体育通史是由世界史前体育史、世界古代体育史、世界近代体育史和世界当代体育史这几大部分组成的。

由于人类体育文化的形成和发展是一个各个文明区域和民族相互交流和影响烦人过程。那么，在描述历史发展不同阶段中各大文明区域、国家和民族体育文化的基础上，阐述人类体育运动发展的共同规律及其整合过程。

2. 国家体育通史

国家体育通史的主要工作和任务就是对某一个国家的体育运动的产生、发展和演变的历史，进行全面而系统的研究和分析。一般是由这个国家的古代体育史、近代体育史和现代体育史这几个部分来组成的。

由于“国家”是一个历史范围，他的概念、疆域、甚至是主体人种在历史上都可能处在一个相对变化的状态中，因此国家的体育史应该致力于勾勒和描绘本国体育发展的历史图卷，当然也包括历史上随着政治、文化、经济、人种等各方面的变化以及文化的传播带来的体育文化的变化。

3. 民族体育史

民族也是一个社会历史的范畴，是在历史上形成的具有共同语言、共同地域和共同经济生活以及表现于共同心理素质的稳定共同体。

每一个民族在长期的历史发展过程中，都产生出了自己相对独特的体育文化和活动，民族体育史研究的任务则是从历史发展的角度来研究和展示某一个民族的鲜明的体育文化，以及这种体育文化和其他民族文化之间的相互交流、影响和融合的过程。

4. 断代体育史

断代体育史的任务就是某一个特定的时代或者朝代的体育发展过程和特点进行系统而详尽地研究和阐释。当然，它可以是一个地域或者某一个时代的体育史。

举例来说，欧洲可以分为古希腊体育史、古罗马体育史、中世纪体育史等；当然也可以是一个国家的不同的时期或者朝代的体育史，中国唐朝体育史、宋代体育史等等。另外，也有按照大的历史时期来进行划分的，如中国的古代体育史、中国近代体育史、中国现代体育史等。

5. 竞技运动史

竞技运动是以比赛为特征的一类体育活动，在中国古代的时候，竞技运动是一种大众性的体育活动，这种体育活动融合了健身、休闲和娱乐。现代竞技运动已经发展成为以奥林匹克运动为最高形式的世界性竞技文化和产业，对当今社会产生着巨大的影响。

以竞技运动为研究对象，阐述竞技运动在不同历史时期和不同地域、国家之间的表现形态，这是竞技运动史的主要任务。竞技运动史重点是研究和阐述近代以来社会竞技运动的形成、发展和传播的过程，总结和阐述竞技体育发展的规律和特点。

按照不同的角度和要求，竞技运动史又可以细分为世界竞技运动史、国家或地区竞技运动史、断代性竞技运动史等等。

6. 单项运动史

单项运动史的任务是研究和阐述某一项体育运动项目的历史，根据不同的要求，可以分为某个单项运动史、某个国家或地区的单项运动史等等。

7. 奥林匹克运动史

奥林匹克运动是以奥林匹克主义为指导，以四年一度的奥运会为核心，以全面发展和世界和平为宗旨的国际社会运动，是现代社会体育的最高形式和经济运动的最高层次，因而也成为体育史研究的重要领域之一。奥林匹克运动史的任务，是以奥林匹克运动产生，发展和演变过程为研究对象，阐述奥林匹克运动的发展特点与规律。

总结其历史经验与教训，从而为当代奥林克运动的发展提供借鉴。奥林匹克运动史研究主要包括：国际奥林匹克运动史、国家或地区奥林匹克运动史、奥运会史、重要领导人传记与生平等。

8. 赛事史

赛事史的任务是研究重要体育赛事的产生和形成、发展的过程。它不仅包括了一些重要的世界性的体育赛事史，而且还包括了一些国家级的赛事史，其中世界性的赛事有奥运会史、世界杯赛史等；国家级的赛事史有美国 NBA 篮球赛事史、中国全运会史等。由于这些赛事的历史比较悠久，影响也很广泛，是现代体育运动的重要组成部分，因此成为现代体育史研究的一个不可忽视的领域。

9. 学校体育史

学校体育是现代体育运动重要的组成部分，它以学校为载体，以发展青少年身体健康，促进其全面发展为任务。由于学拉体育历史悠久，自成体系，因而是体育史研究的一个重要领域。主要包括世界学校体育史、国家学校体育史、某个学校的体育史等等。

10. 妇女体育史

妇女体育史的主要任务和对象是研究妇女体育发展的过程和特点。包括世界妇女体育史和国家妇女体育史等等。

（三）中国体育史学的发展与现状

中国对于体育史的研究开始于19世纪末，在这之前，尽管中国有数千年的重视修史的传统，但是体育从来没有成为传统史学研究的对象，当然也就不可能存在一部完整意义上的体育史学专著。

20世纪初，随着近现代教育的实施和西方体育逐渐的传入到中国，有些出版物对欧洲和日本的体育史进行了简单的介绍。为了更好地适应教育的需要，一些近代师范学堂的体育系和体育专科学校逐步的开设体育史的课程。

在新文化运动以后，体育史成为专门体育学堂的正式科目。体育史学的研究也就开始以教材的形式出现了。在1919年，商务印书馆出版了由著名的历史学家郭希汾教授所著的《中国体育史》，这是我们国家的第一部体育史专著。在1962年，著名的体育活动家郝更生用英文出版了《中国体育概论》，该书是作者在1923年留学美国春田学院时的毕业论文基础上增补形成的一本书，这两本书是我们国家体育史的奠基之作。

直到20世纪30年代以后，中国体育史学逐渐地开始发展起来，各类论著和翻译本逐渐出现了，但是由于当时中国的政治、经济、文化等都处于比较落后的状态，不仅没有专门的学术组织，而且也没有专门的学术期刊，对于体育史的研究仅仅是限于和人的兴趣爱好和专长。

中华人民共和国成立之后，政府开始逐渐的重视和支持体育事业的发展，中国的体育史学获得了比较重大的发展。20世纪50年代，中国历史上首次由政府组织进行体育史的研究。这是中国近代以来首次大规模地系统整理和研究体育史。

20世纪80年代以后，中国的改革开放和体育事业逐渐发展起来，体育史研究呈现出前所未有的蓬勃发展。1979年9月，中华全国体育总会决定成立体育文史资料编审委员会。在这之后，很多的省市体育分会也逐渐地成立了相应的机构和组织。

从20世纪80年代以来，以国家体育总局文史委和成都体育学院体育史研究所为中心，加上各体育院校以及师范院校体育院系的体育史教学科研人员，我们国家的体育史学已经初步的形成了一支具有比较高学术素养、结构合理、分布均匀的体育史学科研队伍，初步形成了较为完成的研究体系和发展方向。

作为一门相对独立的学科，中国体育史无论是在体系上，还是在研究领域和方法上，都已经成为一门具有独特门类的体育科学和历史学的分支学科。

20世纪下半叶，中国台湾的体育学者由于受到大陆和国外的一些思想启发，他们在有关体育史方面也取得了不少成就，其中20世纪50到60年代以吴文忠和江良规两位教授最为突出，20世纪70年代以后则有樊正治、许义雄等专家学者承前启后，出版和发表了数十种专著，学术论文数百篇。

三、体育美学

所谓的体育美学就是人类运用一些美学的基本理论和方法，来研究体育领域中的一些美学规律、本质以及特点的科学。主要研究的就是在体育运动过程中关于美的发展，以及人类如何更好地来表现、认识和反映这些规律。

利用身体的运动和体态的变化等手段来表现人体的美、运动形式的美，表现审美的感情，及其欣赏者的美感体验，进而来引导运动者和欣赏者提高他们的审美能力和情操等问题。由于意识形态的不同，各个国家体育美学的研究对象、方法和结构就会有很大的差异。

四、体育人类学

体育人类学是从体育的角度去出发，进而研究人类全面可持续发展的一门学科。体质人类学和文化人类学的结合组成了体育人类学，体育人类学揭示和分析了人类和体育之间的一些相关因素，综合性地去研究人类的有关体育问题。它从人类发展的漫长过程中去慢慢地研究体育的一半规律以及在理论上表现的具体形式，进一步揭示了体育过程的内在结构，在不同的形式体育过程中和相似的体育过程中去寻找他们之间的一些共同的规律。

体育人类学的主要研究对象是以下三点。

（一）体育原理

建立全面认识体育的新视角。

（二）民族体育

挖深和弘扬人类自古积攒的传统文化遗产。

（三）竞技

摆脱有些人单独地去追求人体极限的误区。

五、体育心理学

（一）国外学者对于体育心理学的定义

Pargman 认为，运动心理学是通过运用人类心理学的理论、框架和原则试图解释、预测或者改变与运动相关的行为。

Anshel 提出，运动心理学研究的是在运动参与背景下的人类行为以及人类行为怎样被三种基本的来源所影响的。这三种基本的来源指的是运动员、团队领导以及这些个体之间的相互作用造成的影响。

Gill 指出，竞技和健身运动心理学是对人和他的行为在竞技及健身运动情境中的科学研究。竞技和健身运动心理学家找出一些原则和指导方针，让体育专业人员能够运用起来，帮助成人和儿童参与运动，并且从中得到益处。

（二）国内学者对于体育心理学所下的定义

在张力为看来，体育心理学就是研究人在进行体育运动中的所有心理活动的变化和特点的科学。

在祝蓓看来，所谓的体育心理学就是专门研究人们在进行体育运动的过程中其心理现象和发展规律的学科。

学习的掌握体育心理学的理论和方法主要有两个目的：

一是理解心理因素如何影响个体的生理表现；

二是理解参与体育活动如何影响一个人的心理发展、健康和幸福。

根据体育实践的需要，我们可以根据学生的性格差异，因材施教，在授课的过程中我们可以采取一些心理上常见的心理技能训练方法来有效地帮助学生掌握运动技能和克服心理上的一些障碍。

由于学校运动队训练和比赛的需要，通过心理学的方法来帮助学生激发学习的兴趣、提高运动训练的水平，让运动员在最佳的运动状态下去积极的参加比赛，最大限度地去发挥自己的潜力，取得良好的比赛成绩，这种方法是通过心理学的手段去消除运动员的身体疲劳度，调节运动员的情绪，激发运动员的身体能量，进而最大程度的恢复运动员身心状态。

六、体育经济学

体育经济学是体育社会科学的学科之一，以经济学的分析方法来研究体育产业的应用经济学。

体育经济学需要研究的主要内容如下：

体育产业与国民经济发展的关系，体育产业、体育市场、体育消费、体育投资、体育资产、体育产业的宏观发展计划和产业发展政策；体育产业内部的权利与收益分配制度和格局等。

七、体育管理学

我们所说的体育管理学就是运用管理学的理论和方法，来研究体育组织的协调，最终达到体育目标的学科。

管理者、被管理对象以及管理手段三者共同构成了体育管理学的管理体系，所以它的研究对象包括了管理者和被管理者的人、财、物、时间和方法等。

在实际应用中，常采用领域分类法，即学校体育管理、竞技体育管理、大众体育管理等。研究方法主要有观察、调查、实验、比较、分析以及个案研究等。

体育管理学的主要内容如下：

体育管理的基本原理、体育管理的发展历史、体育管理体制、体育管理的职能、体育管理的过程和方法、各类体育的管理形式和方法等。

八、体育法学

法学就是以法为研究对象的科学，显而易见，体育法学研究的对象就是体育法。体育法是一个内涵丰富、外延广泛并且可以产生歧义的概念，而且是社会生活中能够产生各种事物之间的联系和影响的社会现象。基于不同的视角可对其形成多样化的理解。

根据现代科学研究和学科的发展要求，体育法作为理论化的学科体系，应比较系统地去研究体育法及其产生的练习和影响的各个方面。用来制约其发展和作用的内在因素，一定要从静态和动态、内部和外部、形式和内容、表层和深层等各个方面，全方位地为体育法进行深层次的研究。

因此，我们可将体育法学的研究对象大致分为三个方面：

（一）调整各种体育社会关系

体育法学要研究能够引发具有法律意义的体育社会现象的前提基础和规范实体——体育法律（或体育法规），即调整各种体育社会关系（体育权利与义务关系）的法律规范，包括它自身的内容、结构、形式等。

（二）研究各种社会现象的关系

体育法学要研究体育法律的运行过程及其介入社会生活所出现的与之相关联的各种体育法律现象，包括体育法律的制定和实施、体育法律意识、法律关系、法律行为、法律秩序以及它们与其他社会现象的关系等。

（三）研究社会调整的内在机制

体育法学要研究体育法律在自身运行和对社会调整与作用过程中的客观规律和内在机制。

概括起来，体育法学就是研究体育法律，规范体育法律现象及其发展变化规律和机制的应用性法学学科。

体育法学所研究的法律现象，可以由专门的体育法律调整各种体育关系而直接引发，也可以是其他法律中有关体育的规定乃至一般性原则和规定与体育发生练习时而产生的结果。

因此，体育法学要重点研究各种法律在调整和涉及体育时产生的体育法律现象，也就是说，无论是体育法，还是体育与法，只要是在体育领域存在和发生的所有和法律相关的问题，我们都可以让它成为体育法学研究的内容。

九、学校体育学

揭示学校体育工作的基本规律我们需要依靠学校体育学，学校体育学是一门阐明学校体育工作原理和方法的学科，同时也是一门培养体育师资和组织以及实施学校体育工作所必需的一门专业理论课程。学校体育交叉于体育科学以及教育科学之中，更是一门以现代教学理论为基础的新兴学科。

第四节　体育人文社会学的发展

一、我国体育人文社会学研究前沿

（一）竞技体育的领域

1. 竞技体育的管理体制问题

中国体育管理体制改革发轫于何处？向什么目标改革？改革呈现出哪些特征？改革的绩效如何等问题，成为学术界讨论的热门话题。对于形成于计划经济时期被称为“举国体制”的竞技体育管理体制，随着2008年奥运会的日益临近而变得越发敏感，举国体制何去何从的问题亟待研究。运动项目管理体制、体育行政管理体制、体育赛事管理体制的研究无疑也成为研究的热点。

2. 竞技体育的异化问题

现代体育的产业化、社会化、职业化等进程逐渐地加快起来，竞技体育无可避免地和经济社会的练习逐渐地增多了起来，进而使得经济社会发展中存在一些不文明的现象，也反映到了体育的领域中来。竞技体育中非本质性的东西日渐明显，这些问题的出现一定要受到理论的批判和干预。

3. 奥林匹克运动的人文理念问题

现代奥林匹克运动是人类社会文化发展中的一颗璀璨的明星。北京奥组委提出了“人文奥运”的口号，这个理念也是北京奥运会的三大理念的核心。人文奥运承认这传播中华五千年文明历史的责任。怎么样来实现中华文明与奥林匹克运动会融合在一起，最大限度的促进东西方文化之间的交流与合作，是一项非常艰巨而又紧迫的课题。

（二）学校领域

当前中国学校体育的各个方面都在涌动改革的热潮：新的课程标准在不断地推广和实验，与新课程标准配套的教材也在不断地改进和更新，以提高教学能力为指导思想的体育教育专业的改革也正在进行，各种各样的教学模式也层出不穷，改革实践的发展使得学校体育的理论研究面临着重大的挑战，并使得一些有待深入研究的问题逐渐的暴露出来。

1. 学校体育课程的问题

如何清晰地对学校体育教学目标进行定位？如何确保教学内容的逻辑性一贯？新的时代背景下，如何借助现代科技改进提高体育教学方法手段？评价教学科学性的标准是什么？

2. 学校健康教育的问题

学生体质与健康问题已经成为一项社会广为关注的重大问题，它关系到国家、民族的发展，近年来我国学生体质与健康状况不尽如人意现象严重，关于学校健康教育的问题，如何改进是我们当前首要研究和解决的重大课题。

3. 学生余暇体育的问题

长期以来，余暇体育一直是中国学校体育的软肋。体育课与余暇体育的“通路”一直未能打通。学校余暇体育的组织和管理缺乏一定的科学性，对学生进行体育锻炼的引导性不足。学校余暇体育的社会性差，建立学校、家庭、社区之间余暇体育的有机联系有待进一步研究。

4. 学校竞技体育的问题

新中国成立后，我国竞技体育队伍主要集中于各省市专业运动队、部分行业体协和专设的青少年体校中。

1986 年，教育部与国家体委联合发文，揭开了学校试办高水平运动队的序幕。多年以来，很多学校的高水平运动队一直在教学实践中摸索，运动队的管理模式、运动员的训练体质以及大中小学校学生运动员之间的有效衔接等问题，但一直未有清晰的研究结论。理论研究的乏力，使得学校高水平运动队“试办”的脚步始终谨小慎微！

（三）社会体育领域

在近些年来，随着社会经济不断进步和社会环境的不断改善，我国的社会体育正在迅速地发展，对于社会体育的理论研究也紧随实践的发展逐步增多起来，在当前全面建设小康社会的发展背景下，社会体育领域亟待解决的问题还有很多，尤其是下面这些问题尤其需要注意。

1. 公共体育服务体系

自从党的十六大以来，我国政府相继从建设小康社会和构建社会主义和谐社会的角度出发，提出了深化行政管理体制改革的目标和任务，这就要求提高政府的公共服务能力和水平，促进服务型政府的建设。公共体育服务作为我们国家的公共服务体系的子系统，不仅是构建和完善我国公共服务体系的重要内容，而且公共体育服务的本身也成了我们国家经济发展的一项重大的现实性问题，公共体育服务的概念、内容、供给方式，供给制度等问题尚未得到澄清，对于这些问题进行一定深度的研究是具有很大的意义的。

2. 城市化进程中的体育

众所周知，城市的发展在一定程度上制约了体育运动的进一步发展，但是它却推动了城市的发展。都市体育、城镇体育等已经开始成为新兴的研究课题。用固有的思路去对待体育运动，促进体育运动的开展，已经成为中国现代化亟待解决的重要问题。

3. 社会体育资源问题

社会体育资源是关系社会体育发展的瓶颈，但是我们国家的社会体育资源的理论研究相对来说比较薄弱。当前我们国家的社会体育资源存在整体体育资源相对过剩和部分地区体育资源匮乏的问题，怎么样确保社会体育资源的合理和有效地分配，已经成为我们需要也必须进行的一项重要的课题。

4. 特殊人群体育问题

随着我国社会经济的迅速发展，以及社会的结构和分层的变化，某些特殊人群的体育活动开展就应该受到一定的关注，如城市边缘人群、残疾人、外出务工人员等等，我们需要正确的理论来支撑这些人群体育活动的开展。

（四）体育产业领域

和其他领域相比，我们国家的体育产业领域的理论研究是远远落后于实践的发展的。对于体育产业的概念体系，一直没有能够得到正确地树立，某些最基本的问题还没有得到实质性的解决。

1. 体育产业的概念体系问题

当前依然存在对体育产业的概念体系问题的低度认同状况。如对体育产业的概念界定、体育产业的外延等问题一直未能达成共识，理论研究的滞后影响到我国体育产业统计指标的统一。

对于上述的问题如果得不到一个完美的解决，将会在很大程度上影响中国体育事业的发展，体育产业只能作为体育行政管理系统的范畴，绝非国民经济的一个部门。

2. 体育场馆的经营管理问题

体育场馆的经营管理绩效不佳，一个重要的原因在于，我国体育场馆的产权问题已经成为场馆产业化发展的瓶颈。

3. 体育产业的法规制度问题

目前我们国家仍然处于计划经济向社会主义市场经济体制转轨的过渡时期，由于各种体制性的问题仍然没有得到实质性的解决，这使得体育产业的发展存在着比较严重的政策性漏洞和制度性缺位等一系列的问题。

（五）体育基础理论的领域

1. 体育的本质问题

体育人文社会学研究的基础就是体育的本质，对体育的本质有不同的认知，那么就会有不用的思想认识，不同的思想认识又会有不同的实际行动，进而就会产生不同的体育指导方针和不同的行动方案。所以，在体育领域内很多的体育活动都会最终涉及体育本质的问题。从 1978 年以后，我国的体育理论界曾经对体育的本质问题展开过激烈的讨论，很多研究人员有他们自己不同的理论观点，我们可以从很多的刊物或杂志上看到有关体育本质的文章。然而，对于体育的本质问题，体育界到现在仍然没有一个统一的意见，对于体育本质的探究仍然会成为体育界研究的重点。

2. 体育与经济社会发展的关系问题

体育和社会经济的发展始终是有很大的关联的，在全面建设小康社会和构建社会主义和谐社会的过程中，体育所发挥的作用会更加重要。紧跟社会形势的发展，研究好体育和经济社会发展之间的关系。

二、体育人文社会学研究展望

（一）体育人文社会学的研究领域扩展

在20世纪80年代，我国体育人文社会学方面的研究不仅仅是简单的翻译国外的资料，而且还借鉴了国外研究的方法。

20世纪90年代，我国的体育人文社会学研究水平有了显著的提高。这些研究成果解决了体育实践中遇到的现实问题和将要面临的问题，研究的领域也在不断地拓展。

（二）研究成果的应用性不断地增强

进入21世纪以后，人文社会科学逐步摆脱了传统思辨哲学的影响，注重对社会现实总的探讨，越来越具有应用性的发展趋势。随着我国经济社会发展、改革开放的深入、民主法制建设的增强以及加入WTO以及申奥成功等很多政治和文化的变化，那么体育事业也将面临很大的机遇和挑战。中国的体育人文社会学者们要结合好时代的背景，将体育社会学理论的研究和应用与国家的大事件做好接洽，进而相互的促进和发展。

（三）跨学科的综合性研究更加的普遍

近些年来，体育人文社会学学科分化与综合的趋势进一步的加强。一方面来说，社会学、经济学、管理学、政治学等学科在体育的渗透会进一步的加强，新型的体育人文社会学将会不断地产生，这也体现出社会学科的分化趋势；从另一方面来讲，体育人文社会学经过一定阶段的分化和发展之后，也会逐渐地向综合化的方向发展。学科分化和综合的结果，让体育人文社会学研究的整合能力在不断地提高，跨学科的综合性研究会更加的普遍，各种学科的集体攻关、横向联合将会成为今后体育人文社会学研究的显著特点。

（四）研究方法在不断丰富

随着科学的日渐成熟，体育人文社会学研究的方法将会更加的多样化，那么其他学科的研究方法也会被移植到人文社会学的研究中去。在原有的研究方法的基础上，自然科学的实证方法将会更多地运用到体育人文社会学的研究中去，体育人文社会学将会表现出定量研究的精确化方向。体育人文社会学的方法体系会在实践中不断地完善和提高，体育人文社会学的研究一定会从中汲取丰富的营养。

第二章　现代体育的人文观与社会观

人文学科与社会学科有着不同的研究对象与方法，然而二者之间有着密切联系。

但在理论及实践中，我们必须区分不同的学科，将其分门别类地划归体育人文学科或体育社会学科中去。在目前的体育理论领域，体育人文学科与体育社会学科由于各种原因，存在一定的不足，需要重新树立新的不同学科观。

在本章中，我们将以体育观念和基本命题的方式组建21世纪体育人文社会科学的理论框架。

第一节　现代体育的人文观

体育人文观，其核心是主动表现体育对人类生存意义及价值的终极关怀，回到以人为本的体育世界。与传统生物体育观片面强调体育对人体的生物性效果不同，它强调对人的精神方面的关怀，强调体育应同时关注人的身体、心理和社会适应，强调生物影响基础上的人性关怀。

一、体育的历史观

体育史详细地记录了体育从起源到发展的过程，是体育的记忆性科学，作为记录、研究和阐述体育运动发展和演变过程的规律性学科，它的主要特点在于，“运用历史学及其他相关学科的研究方法，来研究和阐释体育运动的发展规律和特点。”

和传统的体育史观有所不同，在新型的体育人文社会学理论框架之内，我们将体育的发生和发展作为主体的人的需要和发展相互的联系起来。体育史学观念的建立，可以让人们对体育的了解更加的深刻，因此我们应该着重的树立以下的观念：

（一）人类的生存和发展催生了体育的起源

按照匈牙利体育史学专家拉斯洛·孔的观点，体育的起源基于三种假设之上：席勒的精神游戏说；列伊拉克的巫术说；斯宾塞的精力过剩说。唯物史观认为，体育是社会发展的结果，产生于原始社会的晚期。

传统的体育理论认为，“体育是随着人类社会发展而产生和发展的，体育产生的基本源泉是生产劳动。”在体育的发展过程中经历了三次质的变化：

1. 第一次质变

从大量生产劳动和生活的自然动作中，分化、提炼出了一些有助于发展身体技能的动作或练习。

2. 第二次质变

为准备成年礼而进行的系统的身体训练的出现。

3. 第三次质变

祭礼竞技的产生，表明组织化的运动形式已经出现。

除了马克思主义经典的“劳动起源学说”之外，关于体育的起源还有医疗学说、心理学说、生理起源说等等。这些理论有一个相同的特点就是，关注人类的群体但是一定程度上却忽略了个体的需要，实际上，体育的起源正是由每个个体对于肢体运动的需要而促成的，是人需要的产物，与人文精神有着密切的练习。在这方面，与体育有天然联系的舞蹈领域理论界有着明确的学说。

舞蹈的研究者是从原始的舞蹈演变而来的，在他们看来，原始舞蹈和人的生命情调以及审美情感有着千丝万缕的关系。在闻一多看来，舞蹈是生命情调最直接、最实质、最强烈的体现，只有在原始舞蹈立面才能够看得出舞蹈的最为真实的一面，因为它是真正全体生命的总动员。

同样，贯穿人类发展历程的人类体育活动，体育最初的出现，一定也是个体生命体验的结果，是人类自身发展的需要。总之，体育的出现是随着个人以及许多个体组成的氏族的需要而出现和发展的。

（二）体育史学应当参与当代社会实践

“历史学的任务不应是简单地描述历史事件，而应是揭示人类社会发展的一般规律。”体育史的研究应该服务于现实体育的发展，借鉴历史的经验和教训，推动中国和世界体育的发展。中国体育史学界应关注当代体育史的研究，关注身边的事件。

1. 改变原有的方式

随着中国政治经济文化实力的发展，体育史学的历史任务不再是通过“发现”来激起人民的自信心和自豪感，不必承担过多的政治责任。

2. 体育史学的变化更新

当今体育史学要面对的不再是单纯传统的健身和竞技体育，而是围绕人的全面发展，集休闲娱乐、教育文化、健身交际、产业媒介于一身的新的文化和社会活动，面临新的研究对象。

3. 体育的变革和挑战

伴随中国经济、政治和文化领域的改革，体育领域也在不断进行改革创新，在此过程中，会出现新的情况和问题，诸如腐败、球场暴力、兴奋剂等问题，都需要运用历史的眼光来看待它们。

因此，当代的中国体育史学应该将关注的目光从远处回归到当前，不仅仅是要关注过去，更加应该关注当前，关注好身边的体育教育改革和发展，通过参与和引导当代中国体育的改革和发展来实现体育史学的时代使命。

这种新型的体育观将在关注本国体育发展的同时，还要关注国外的体育发展状况，重视民族传统体育的收集和整理，在借鉴国外的发展模式和发展手段上，去伪存真，同时还要注意研究其他学科的研究方法来丰富体育史学的研究。

如果要实现这个时代的任务，体育史学就应该避免“五注五经”式的正式文本研究，而努力占有各种体育史料，不仅包括了官方的收藏品，也有民间的素材、实物等，然后经过我们国家德高望重的体育史学者进行判断和甄别，进而得出符合事实的判断结果，提出有利于中国体育发展的合理化建议，从而为我们国家的体育健康持续地发展，贡献出自己的一分力量。

（三）体育的思想史应该重点关注社会大众

体育思想史是体育史的重要组成部分，它是体育领域中人的思想演变发展的历史，既是人们思想活动的历史，也是人们对自身活动进行反思的历史。在史学研究中，国外史学界早已形成了两种基本观念，即以德国兰克为代表的考据学派和以英国柯林武德为代表的思想史学派。

后者明确主张“一切历史都是思想史”，认为思想史是历史学研究的主要内容，历史学家面对历史事件，应该探寻事件背后的思想动机，如“慕尼黑惨案”为什么会发生、约翰逊为什么要服用兴奋剂等。历史具有层次性，可以分为物的历史、事件的历史和思想的历史。其中，物的历史只有透过人的历史才能了解，而人的活动，只有透过人的思想才能说明。只有进入思想史这个层次，才可能对人类历史的本质有完整的理解。

在之前的体育思想研究上面，我们可能会过分的去重视社会精英人物的研究，进而忽略了大众体育在思想发展中的作用，过分的重视文献资料，而忽略边缘资料，很大程度上限制了体育思想史的研究范围，导致路子会越来越窄，可以用来进行要论的命题也会越来越少，如此一来，可能会把体育思想史的研究对象严重偏离，最终变成对文献的单纯解读和历史人物的个人分析。

实际上，虽然精英代表了一定时期的思想发展水平，集中地体现了社会思想的精华，但是相比较来说，大众的思维方式和方法更能够准确地反应当时社会达到的思想水平，体现了社会生活的各个方面，反映出社会大致的思想和政治面貌。

有时候，精英的观念并不是都完全吻合当时的社会现状，更加不能真实地反映出大众的思想，思想史的研究不是不能够关注社会精英，而是我们要充分的去把握好这个度，在关注精英的同时还要充分地着眼于大众，这样才能够更好地体现当时的民风、民俗和大众文化。

对于高水平竞技运动发展的问题，虽然在 20 世纪 80 年代初就有一部分学者对这种发展形态提出过批评，但是社会大众仍然对其抱有爱国主义的热情和强烈的民族情感。直到如今，普通的老百姓已经觉察到体育领域内的种种不协调和不和谐的地方，并且很多人已经对于这种不应该存在的现象提出了批评和改进的意见，但是仍然有些人抱残守缺，看不到或者不愿承认社会大众的变化，在社会思想的发展过程中，精英任务的思想只有符合社会发展的需要和趋势的时候才能够有持续的生命力。

社会大众的思潮很好地与社会的发展趋势相吻合，这种现象会很明显地在某个精英任务身上得以体现。因此，体育思想史的研究，一定要关注和重视社会大众的思潮。

二、体育文化观

体育自身就是一种文化，必须将体育作为一种文化来建设。“体育文化是一种运用身体运动动作以促进人体生命机能正常发展，维护健康，增强体质的人类运动活动，具有社会性和精神性的意义。”

（一）以文化三层面的结构来发掘体育的价值

文化具有三层面的组织结构，体育同样具有三个层面，它“是关于人类体育运动的物质、制度、精神文化的总和”。体育文化不仅包括体育的物质条件、包括体育技术方法在内的体育认识，还包括体育情感、体育价值、体育理想、体育道德和体育制度等。过去，我们曾简单地将体育仅仅局限在教育范围内，或将体育看作简单的身体操练，将其局限在低级的“物" 的层次，这忽视了体育的文化属性。

奥林匹克的宗旨就是为了能够让体育运动为人的和谐发展贡献出自己的一分力量，促使人们建立一个能够在一定程度上维护个人尊严的社会。奥林匹克的宗旨通过没有任何形式的歧视，并且按照奥林匹克所倡导的相互理解、友谊、团结的精神来教育下一代的年轻人，为建立一个美好的世界贡献出自己的一分力量。以奥林匹克为代表的体育文化是由不同形式和因素组合而成的，不仅有物质形态的，如体育场馆、体育雕塑等；也有社会关系形态的，如一定的组织机构和运动管理规章制度等；还有理论形态的，如体育教育理论等；还有心理形态的，如价值取向、审美情操等。

现代体育在关注体育具体物质形态的同时，还要能加深层次地挖掘体育的文化内涵，更多地去关注制度层面和观念层面的东西。

特别是在我们体制改革和体育改革进入到关键阶段的时候，更加应该思考怎么用体育精神来推动社会的发展以及体育体制自身怎么样来更加自如地去适应不断发展的社会。

（二）东西方文化要平行发展

20 世纪 40 年代末，德国思想家雅思贝尔斯提出了“轴心时代”的概念，他认为，在公元前800年到公元前200年这一时期，西方、中国、印度等世界主要的三大文明都发生了思想与文化的突破，基督教文化、儒家文化和佛教文化并行发展。

而后来，东西方文化沿着不同的道路发展，发展的内容和重点发生了变化。东方文化的基本价值在于伦理。“道之以德，齐之以礼”，把道德教化置于首位，追求动静的统一，以静为主，强调内外的平衡，天人合一，重协作而轻竞争。这种文化观念反映在体育活动方式上，就出现了导引养生术、气功、太极等。

而西方文化崇尚民主、自由、平等，强调竞争，敢于冒险。这些直接导致其在体育运动中重视人的主体意识、人的精神和价值的全面实现，形成了西方古代体育激烈的竞争性和开放性。战争和扩张的需要也使西方体育成为培养战士的一种手段。

随着近代西方资本主义国家经济的迅速发展，为了实现其对外扩张侵略的需要，体育也被西方国家用来培养士兵、进行文化扩张、输出意识形态的工具。近代西方体育文化正是随着帝国主义国家的坚船利炮，以强大的经济实力为后盾，以雷霆万钧之势，席卷全球。而东方体育文化则逐渐被边缘化。

纵观世界体育发展的历史，审视各国体育文化的现实，只有中国体育文化可以站出来为保留世界体育文化的多样化做出尝试和努力。其中的原因有以下五点。

1. 体育文化底蕴深厚

中华五千年的文明史造就了现代的体育文化，这种体育文化在中国的历史长河中，每一个时代都会有属于自己的特色，从而奠定了体育文化的社会基础，也增加了体育文化的厚度。

2. 体育文化的多彩性

中国辽阔的版图和多民族的文化结构，生成了中国丰富多彩的体育文化世界，中国的体育文化不仅有汉民族的，还有少数民族的；不仅有宫廷的，还有民间的；不仅有军事的，还有娱乐的；不仅有养生健身的，还有竞技休闲的。这一体育文化的大千世界是任何一个国家都无法比拟的。

3. 中国人口有利于体育文化的传播

中国现在有将近15亿的人口，众多的人口在一定程度上也有利于体育文化的传播，同时在传播的过程中还能够进行一定的创造和传承，众多的人口成了体育文化的鲜活载体。

4. 中国文化的包容性

中国是一个能够接受外来文化的国度，在接受的过程中少了许多功利性，即使在我国的历史上曾经实行过一段“闭关锁国”的政策，但是从整体上来讲，我们国家从汉唐以来，一直都在吸收国外的一些有利于我国体育事业发展的体育文化，与此同时，我们还将自己的体育文化传播到世界各地去。

我们国家不但有吸收国外体育文化的一些广阔的胸襟，同时还能够将自己积淀已久的文化精髓无私地传播到其他的国家，这也说明了我们国家的文化涵养和海纳百川的宽容。

5. 国际关系良好

中国的文化不仅在人和人的关系上表现出一定的宽容和谦逊，并且在国家和国家的关系上还会表现出一些具有中国特色的温良、和平等品格，这种亲和力是能够被世界各国的人民和政府所接受的，同时这种文化涵养也为中国体育文化的国际化奠定了一定的基础。

西方的体育以追求功利作为发展的动力，在形成巨大的社会文化运动的同时，一定要动用和消耗更多的社会资源，因此也衍生出了腐败、暴力和色情等一系列的问题。由于西方文化是导致这些弊端的源泉，所以肯定不可能在自身的范围之内得到解决，这就需要西方文化转而求助东方的文化。继承了东方文化精髓的东方体育更加应该主动承担起这个责任。东方体育文化也会有自己的缺陷，当然也需要进一步地去学习西方的体育文化，这是一个相互的过程。

因此，在体育“全球化”的浪潮中，中国体育文化绝对不应该被侵蚀和消灭，而是应该和西方文化一起来发展，相互的补充和提高，为人类的文明发展和健康服务。

（三）民族传统体育文化一定要走创新之路

文化创新是指文化在形式或内容上的革新或飞跃，它表现在三个方面：内容创新、形式创新和文化技术创新。“发展社会主义文化，必须继承和发扬一切优秀的文化，必须充分体现时代精神和创造精神”。“周虽旧邦，其命维新。”

我国的民族传统体育文化继承了中国传统文化的精髓，代表了东方文化。虽然有着诸多的优点，但它毕竟是脱胎于农业文明的产物，在价值观念、思想意识等方面与现代社会尚有一段距离。

我们要在保留其精神精髓的前提下进行精心的整理，并赋予其现代价值，从中寻找与现代社会的衔接点，成为守护人们精神家园和身体健康的摇篮。

三、健康体育观

体育和健康有着密切的关系。体育的重要目标和作用就是促进人的身体健康，而健康的获得在相当程度上需要发挥体育的作用。

在实际的生活中，体育有的时候不仅没有能够促进人的身体健康，反而是在威胁着人的身体健康，所以我们一定要树立正确的健康观。

（一）健康的多维度概念

在传统的健康观念中，没病就是健康。而随着社会发展，人们发现亚健康状态、营养过剩、运动不足、功能退化、高度紧张等也在威胁着人们的健康，这促使人们对健康有了新的认识。

20 世纪 30 年代，美国健康教育学专家鲍尔和霍尔提出，健康是人们在身体、心情和精神方面都自觉良好、精力充沛的一种状态。1978 年，世界卫生组织在《阿拉木图宣言》中对健康做了如下定义：健康不仅是疾病与体虚的匿迹，而且是身心健康、社会幸福的总体状态，是基本的人权。

在社会竞争加剧、环境不断恶化、身体活动越来越少的情况下，人们对健康的内涵已经有了初步认识。

但对于道德健康，许多人还未认识到其重要性。北京体育大学任海教授认为："一个人要懂得礼貌与礼仪，需要一个基本条件，那就是有发自内心的尊重人的意识。不是说我们现在不需要礼貌与文明礼仪的宣传，但更重要的是中国的人文精神断裂太久，现在不是光靠礼貌用语的教育就能改变人的内心世界的。"

中国是个传统文明古国，始终重视"德"的教育和培养。曾有人在"智商""情商"之后再加上"德商"来说明道德的重要性，说明其在健康人格中的重要地位。

（二）对体育在维护健康的作用要有客观认识

体育在健康养护中的作用表现在以下三个方面：

1. 降低发病风险

它能有效地降低患心血管疾病、癌症、肥胖等疾病的风险。

2. 提高反应速度

它能降低生活中可能遇到的危险，如面对危险情况时，经常从事体育锻炼的人反应更迅速和果断。

3. 提高自信心

体育有助于心理的健康，可以提高人的自信心，缓解压力。

但是对于体育在促进人的健康方面的作用不能过分夸大，毕竟在维护健康方面，卫生、医疗、环境、教育、关怀等都发挥着重要作用。体育要积极发挥自己应有的作用，同其他因素一起来维护人类的健康。

四、体育休闲娱乐观

从体育的词源学来看，体育的最初含义是离开工作，也就是休闲的意思。最初的体育，目的就是要离开繁重枯燥的工作，从而获得休息和娱乐，体育的本身就是娱乐和游戏。

娱乐和休闲本身也是相当符合人性发展的需要。席勒曾经说过："只有当人是完全意义上的人，他才是游戏；只有当人游戏的时候，他才是完全的人。"但是现在来说，体育的游戏性减弱，工作性加强，从而丧失了体育应该有的内涵。

（一）体育休闲娱乐是社会发展的趋势

源于古希腊的奥林匹克运动本身就是一场娱乐的盛宴。虽然在后来的发展过程中，体育出现了各种各样的违反规律和本质的现象，逐渐地走向了异化，它的功利性也逐渐地显现出来，但是仍然会表现出休闲化的趋势。

英国对公众所做的调查显示，现在一般人的一生有效的工作时间已经大大地缩短了，一生用来工作的时间已经从原来的50%缩减到20%。美国的杂志《未来学家》中曾经提到，随着知识经济时代的来临，未来的社会必将会以史无前例的速度发生变化。也许就在10到15年之后，某些发达国家将会进入到“休闲时代”，发展中国家也会紧随其后。

自从改革开放之后，中国经济发展一直保持着高速的增长率。普通的百姓从国家的高速经济增长之后得到了切实的实惠。

从时间供给方面看，2008 年后，除正常双休日、元旦、春节、劳动节和国庆节外，清明、端午和中秋等三个传统节日也被作为国家法定假日，这样，我国一年的法定假日就达到了 115 天之多。

另外，如今“现代文明病”的蔓延、运动量的减少而导致现代人肌肉萎缩、精神萎靡，患心理疾患的概率增加。这促使人们想方设法来维护健康，提高生活质量。

不论是从国外发展经验还是从国内现实条件看，休闲都是一种趋势，而对健康的渴望更促使人们在闲暇之余选择体育活动的方式来进行休闲。

（二）国情决定了中国体育休闲的层次性

2010 年，我们国家农村人口的年人均纯收入为 5919 元，城镇居民的人均年收入为 19109 元，农村居民家庭恩格尔系数为 41. 1%，而城镇居民家庭的恩格尔系数为 35. 7%，这标志着我们国家的总体已经进入了小康社会。

但是我国经济社会发展水平却是极为的不均衡，城乡之间、中东西部之间的差距是非常之大。2010 年上海城市居民家庭人均收入为 31838 元，而农村居民家庭人均可支配收入为 13746 元；河南省城镇居民人均可支配收入为 15930. 26 元，农村居民人均纯收入为 5523. 73 元；而甘肃省城镇居民在该年人均可支配收入为 13188. 55 元，农村居民人均纯收入仅为 3424. 7 元。

同时，各地居民文化素质、体育设施、观念意识等各不相同，有时甚至差别很大。因此在这样的背景下，要想全国同时进入休闲时代，同步开展休闲娱乐活动明显不符合中国实际，而部分地区确实有了体育休闲娱乐的需要和可能，我们又不能无视这些情况的存在而忽视他们的需求。

因此，我们在推动中国体育休闲娱乐化的进程中，一定要根据中国的实际情况呈阶梯状展开。

（三）体育休闲不能“只休闲无体育”

提出体育休闲娱乐的最初的目的就是向体育人性化的角度回归，力图改变过去那种在体育教学和训练中的不恰当行为，它从来没有否定体育对人体健康的重要性，只是在这个基础上强调体育兴趣的培养。

休闲娱乐的目的是增加体育锻炼的积极性和主动性，绝非贪婪不参加体育活动。

缺乏一定强度的体育锻炼起不到超量恢复的效果，也不能有效发展学生体能和增强学生体质。

在这方面，美国学校体育有过类似情况。20 世纪 70 年代，美国国内出现了反对将体育列为必修课的做法。

20 世纪 80 年代，美国学校体育开始出现休闲化的倾向，学生多不从事传统体育项目而从事一些娱乐性体育活动。但 1986 年的调查发现，从 70 年代以来，美国青年的健康水平持续下降。我国多次国民体质监测报告也显示，20 余年来，我国青少年学生的身体素质持续下降，而这几年正是我们进行体育教学改革，提出“快乐体育”“休闲体育”的阶段。

即使在“体育与健康”课程改革之后的几年时间内，仍然出现了大学生身体素质继续呈现缓慢下降、视力不良基础率继续上升且呈低龄化倾向、肥胖检出率继续增加等问题。

那么问题出现什么地方？是体育休闲娱乐自身错了吗？当然不是，是我们在操作过程中理解出了问题，只强调娱乐不注重健身。实际上，在体育教学、训练和竞赛中，我们不仅要主张“人文体育观”，还要使“生物体育观常驻”，我们反对的仅是单纯的“生物体育观”，而不应该否定体育的健身性，因为这是体育的本质属性。

第二节　现代体育的社会观

现代体育的社会观指的是“关于体育的基本社会观念，包括体育与社会的关系、体育的内部制度、体育的社会功效等问题的阐述”。

体育在人们的社会生活中扮演着很重要的角色，和其他社会领域的事物发生着千丝万缕的联系，必须和整个社会的发展相互的统一和协调。体育也是社会的一个缩影，我们从历史的进程和现代社会的发展中不难看出，一切的社会现象都会在体育的领域中有所折射。

一、体育教育观

体育最早是和教育联系在一起的，体育这一个词最早出自于卢梭的小说《爱弥尔》。当激进的民主主义者卢梭使用“education physiqHe”的时候，他本意是想表达对当时法国迫害人性的教育制度的不满，该词的含义是“自然教育”而不是今天的“体育”。

虽然卢梭在《爱弥尔》中详细叙述了主人公接受身体教育的过程，但目的主要在于说明教育应是自然的。不过这也充分说明了从“体育”这个词的起源看，体育是和教育不可分的。

（一）体育是教育的重要组成部分

体育和教育有着很重要的练联系，是教育的重要内容。虽然“体育”这个名词的来源是日本，但是体育的实践在中国造就出现了。春秋时期的时候，“六艺”中的“射”就有体育的内容。虽然在后来的社会发展中，儒家的思想占据了统治性的地位，教育中的体育内容自然受到了很多的限制。

但是体育的实践在民间和私塾的教育中仍然会占据很重要的作用。而古希腊更加重视体育的地位，在公元前的9世纪前后，古希腊城邦处于防卫工作和统治的需要，促使学校教育中加强体育训练的成分。

近代以来，体育逐渐地被用来发展社会的生产力，培养劳动者。在马克思认为，想要全面地发展教育，必须从三个方面入手：智育、德育和体育。在新中国成立之后，伟大的领袖毛主席曾经多次的提到“健康第一”，在毛主席看来，学生的“三好”首先应该是“身体好”。

可见，在古今中外的教育中，体育一直都是很重要的组成部分，体育不仅仅是直接作用于受教育的对象，而且还和德、智、美、劳等有密切的关系。

（二）体育应有助于人的全面发展

众所周知，从表面上来看，体育最重要的作用就是能够起到强身健体的作用，促进人的身体健康，具体表现在改善神经系统、改善呼吸系统、促进骨骼肌肉的生长发育等等。

青少年正处在生长发育的关键阶段，积极地参加体育锻炼能够很好地促进他们的身体发育，让他们从小就能够有一个健康的身体，这也是学校体育应该以增强体质为根本任务的重要原因。

但是，体育的作用绝非仅仅是促进发达的肌肉和强健的体格，正如前面所言，体育是一种文化现象，它将对教育对象发生综合性影响，可以起到促进人的社会化和现代化的作用。

由于青少年涉世未深，对社会了解不多，需要在学校教育中实现社会化过程，才能更好地适应社会（如瑞士心理学家皮亚杰就认为游戏在儿童社会化过程中扮演十分重要的角色）。由于体育活动中交往频繁、场地较大、影响因素较多、角色扮演和更替的机会多而能成为很好的促进人的社会化的场所。

在体育活动中，青少年学习到体育技能可对他们生活技术和技能掌握有一定帮助，可以培养他们的社会规范观念，有利于形成社会价值观念，有助于社会角色的习得并形成独特的个性。

除此之外，体育还可促进人的现代化，如它可培养现代人的竞争意识、渗透民主观念、建立科学态度、拓展视野、进行爱国教育、发展主体精神和团队意识、丰富人的情感生活等。《奥林匹克宪章》中这样写道："奥林匹克运动的宗旨是，通过没有任何歧视，具有奥林匹克精神——以友谊、团结和公平精神互相了解的体育活动来教育青年，从而为建立一个和平的更美好的世界做出贡献。"

在目前的体育教育中，仍有人抱残守缺，忽视对学生的人文关怀，面对世界范围内的人文浪潮而无动于衷。

出现这种情况的原因是部分体育理论工作者思想僵化，不肯接受新思想，在体育理论方面不敢或不能突破。实际上，在 20 世纪 80 年代，当"大体育观"刚出现时，也曾遭到质疑，但随着社会发展，人们逐渐接受和承认了这种认识。

新的体育理论和观点只要符合社会发展趋势和规律，就必然是有生命的。体育学者完全不必担心自己的观点会被批评，而应该在认真思考的基础上提出适合中国实际的新时期体育理论。

二、体育生活观

《体育运动国际宪章》第二条指出：体育运动作为教育与文化的一个

基本方面，必须培养每个人作为与社会完全结合的成员所应具备的能力、意志力和自律能力。必须由一项全球性的、民主化的终身教育制度来保证体育活动与运动实践得以贯彻于每个人的一生。

其实，早在古代的时候，身体的活动已经是人们生活中的重要组成部分，人们通过打鱼、狩猎、采摘野果、劳动技巧和格斗术等，在生产之余、生病之时、战争前后以及男女的交往之中载歌载舞，在生产劳动之余进行休闲娱乐和军事技能的训练。可以说，原始形态的体育已经成为人们生活中不可或缺的重要组成部分。

此后的社会发展使得体育逐渐地从教育和生活中慢慢地分离开来，并且体育的本身也有了自己独立的形态。在功利主义的驱使下，体育的工具性逐渐地占据了主导的地位，体育已经成为士兵争夺自身荣誉的一项工具。而体育的生活性只有在宫廷和上层人物的生活中存有一定的影像。

在竞技体育的领域中越来越演化至极的竞争，逐渐的代替了体育应该有的那种悠闲和超脱，并且这种代替是彻头彻尾的代替。为了政治的利益和物质的奖励，体育的有些动作变得越来越难做，越来越超出正常肢体动作的范围，体育变得和日常的生活越来越不相干，体育正在慢慢地变成生活之外的领域。

然而，我们每个人每天要参与一定量的身体练习。特别是在体力付出逐渐减少、社会竞争日益激烈的情况下，现代人为了消除现代生活方式所导致的“文明病”的影响，也是为了舒缓压力、放松身心，逐渐的都有了从事身体活动的意愿。

可以说，体育已经逐渐地成为了人们生活中绝对不可缺少的一部分，因此，我们要特别推崇体育生活化的理念。

体育生活观所倡导的就是不但要让体育成为人们生活中不可或缺的重要组成部分，还要把体育变成人们生活中不可缺少的内容，而且体育活动的内容和方式也要和生活息息相关。肢体动作是生活中会用到的但是锻炼不够的作用，体育活动的项目和内容是从生活中逐渐演变过来的，具有强烈的生活气息，很容易就可以被人们所接受。

在社会经济发展水平逐渐提高和人们文化素养普遍提高、大众对文化娱乐需求逐渐增加的今天，体育正在逐渐的重新回归到生活中去，成为人们健康生活中的重要组成部分。

三、体育经济观

在当今的计划经济时代，体育通常会被当作社会的福利事业，认为应该由国家无偿的提供给人民，这样一来就把这项任务落到政府的肩上，国家也会因此背负沉重的负担。

在改革开放之后，体育也逐渐地进行了改革。特别是在 1924 年之后，中国的体育经济逐渐的受到了重视，1995 年，《体育产业发展规划》的出台，更是加速了中国体育产业的步伐。

（一）体育经济和国家经济挂钩

体育一方面受到了经济发展水平、经济制度等的重要影响，另一方面通过体育产品对经济发生了反作用。体育产品有物质产品和无形产品两种形式，体育产品的生产和消费，可以扩大我们国家的内需、促进市场的发展和繁荣，还可以促进部分人口的就业，拉动国家经济的增长。

体育经济属性的显现是社会和整个经济环境密切相关的。当今社会经济发展程度相对比较低、经济的政策也仍然停留在封闭的计划经济时代，我国体育表现为国家包干、财政统支，体育逐渐地成为了沉重的包袱。而在经济发展水平有了明显提高、经济的体制逐渐走向改革深处的时候，体育经济的属性就会突显出来。

当前，我们国家正在全面进入建设小康社会的阶段，政治、经济、体育、文化的各个方面的改革也逐步地走向深入，体育经济的发展面临着难得的机遇。

要促进体育经济的发展，除了要适应经济发展水平，做到和社会发展相互协调之外，体育经济领域还要注意调整好自身的结构、健全相关的法制、培养专门的人才等。

（二）我国体育产业化条件还不太成熟

20 世纪 90 年代，我国提出了“体育产业化”的目标。而实际上，我国体育产业化的条件并不成熟。

在实践上，全社会对体育消费品的购买力还停留在较低的水平并在短时间内难以提高；体育消费主要集中在大城市和经济发达地区，且体育消费有一定的时令性；专门人才的匮乏，体制转轨尚未完成都制约着体育经济的实际发展。

而更重要的是，对影响体育经济的一系列的重要理论问题尚未解决，如体育产业、体育资本、体育公共产品等概念和性质。在这样的情况下，直接扎入体育市场、体育营销、体育经纪等中观和微观层次，体育产业就缺少了指导。

（三）防止社会体育的边缘化

在社会转型以及体育管理体制改革还没有完成的背景下，我们国家的体育社会文化程度还是比较低的，但是现在我们过早的提倡“体育市场化”以及“体育产业化”，有可能会导致现阶段发展的不那么完善的体育被挤到经济市场的外沿。

在整个社会经济发展程度相对低下的情况下，如果我们强制性地去强调体育的“产业化”，这样的做法更加不利于体育产业的发展，起到一种反作用力的效果，在现代的体育场馆中还有一些会出现场馆建设过于豪华的现象，一部分的人想健身却没有去处，而一些相对豪华的体育场馆却整天空无一人。这些都是值得我们深思的问题。

四、体育权利观

我们所说的体育权利就是指由宪法及法律所保障的，人们能够通过接受一定的体育教育，进行一定的体育锻炼和参与体育竞技活动的手段，进而获得身体健康和精神满足利益的意志和行动自由。这种体育权利的实现是建立在一定法律基础上的，并需要对现有体育体制进行改革以提供保证。

（一）体育是另一种人权的体现

自第二次世界大战后，国际社会就开始将从事包括体育在内的文化活动作为人的一项基本权利提了出来。1978 年底诞生的国际体育法律性文件《体育运动国际宪章》明确指出：“从事体育训练和体育运动是一项基本的人权”，并强调“要使参加体育运动的权利对所有人来说成为现实”。《奥林匹克宪章》也明确指出：“体育运动是人权的一方面”。

2004 年的《奥林匹克宪章》指出：“参与体育运动是一项人权。每个人都享有进行体育运动的机会，这必须是在没有任何其他的条件下以及在友谊、团结和公平精神之下所建立的相互理解的奥运精神中。”这表明，“体育是人权”已经成为国际社会的共识。2007 年修订的《奥林匹克宪章》对此进一步进行了确认。

“体育是人权”除了上面所说的事实证据外，在学理上也是说得通的。人民群众是体育发展的主体，体育的起源、发展都是在人的需要和努力的作用下才得以可能，可以说，没有人，就没有体育。另外，从人的生物性来说，进行经常性的身体活动是保持人生命健康和延续的必要条件，因此，参加体育活动是人的一项最基本的权利。

由于体育涵盖范围广，在社会体育、学校体育和竞技体育中，体育权利有不同的体现。

下面我们列举三种不同境况下的体育权力及其表现。

1. 社会体育

在社会体育中，体育权利主要是指体育活动的参与权、公共体育设施的使用权、国家体育资金使用情况的知情权等。

2. 学校体育

在学校体育中，主要指学生参与硬性规定的体育课程和课外活动的权利、接受体育技能和理论知识教育的权利、场地设施使用的权利以及健康安全保证的权利。

3. 竞技体育

对于高水平的竞技体育来说，主要是运动员的公平竞争、健康安全权利、文化教育权利和获得劳动报酬权利。

（二）体育权利实现的基础是体育法制的完善

立法是权利保护的基础，无“法”就无从实现和保护权利。目前来说，我们国家的部分体育法律体系仍然存在建设不健全的情况，并且还存在着一些模糊甚至是空白的区域。就拿“假球”和“黑哨”来说，违法者在违法之后，体育产业领域中的法律问题、侵占群众体育的法律责任认定等问题上都没有在法律条文上做出明确的规定。

对于运动员的伤病的赔偿和治疗、拖欠甚至侵吞运动员劳动报酬等问题，没有具体有效的防治规定；我国体育产业有了巨大发展，但是在体育产业经营活动的监督和管理方面，在法律法规上尚未做出更为明确的规定。

因此，我们要根据体育实践发展的需要，及时制定和完善体育法律体系，这样才能充分保障广大群众的体育权利。

（三）体育权利实现的保障是制度创新

制度创新是指改进现有制度安排或引入一种全新制度以提高制度效率及其合理性的一类活动。

学会倾听相关者的呼声，切实关注群众真正想要的是什么。

在体育活动中应该要注意人们的安全和健康问题，一定要反对使用兴奋剂，在进行体育场地器材设置的时候要考虑好弱势群体的特殊需要，设置特殊的器材等。

五、体育的科学观

体育的科学观主要是指对体育领域中有关科学理论、方法和技术的根本看法。从体育人文社会科学的角度来看待体育领域中的科学问题，我们一定要认同并且坚持和实施好以下几点：

（一）体育的发展离不开科学

体育的发展是以经济的发展为基础的，而经济的发展又促进了科技的高度发展。人类历史上的第一次、第二次科技革命使得欧洲的经济高度发展，这也间接促进了近代竞技体育的形成和发展。

而实际上，不仅是竞技体育，社会体育和学校体育的内容、形式和方法的发展也都得益于科学技术的发展。

现代体育运动的发展离不开科学技术，科学技术在体育发展的过程中充当了领导者的作用。在李元伟看来，新世纪的体育科技事业面临着前所未有的发展机遇，同时也面临着严峻的挑战。

电子计时、电子裁判、卫星传输、电视直播等极大地促进了体育运动的发展和体育文化的传播。现代信息技术对运动动作的分析和诊断，保证了训练的科学化，使比赛更有观赏性。依靠现代科技力量，使得竞技成绩有了很大提高，撑竿跳的竿从竹竿发展到今天的弹素纤维竿，成绩提高了1.33米。

国民体质健康测试车在很短的时间内能较准确地测定出一个人的体质状况。学校中高科技新材料的使用有效地保护了学生，使其免于不必要的运动损伤。科学技术不仅在上述物质层面对体育发生重要影响，而且对体育的制度层面和价值观念层面也发生着积极的作用。

总之，科技从各个方面对体育发生重大影响，一定程度上推动了体育的快速发展。

（二）警惕科学技术的负面影响

在我们的现实生活中，由于人们会受到各种利益的驱动，本来人们创造出来的能够和改善人们生活的科学技术却偏偏被人当作一种统治人的邪恶力量，这种不好的现象在体育界也不例外。

我们不难发现，科技是给人们带来了一定程度上的生活进步，有效地提高了人们的生活质量，也让人们的体力付出的越来越少，生物适应能力降到空前的低谷，这使得人们的精神压力变得越来越大。

在体育竞赛中，兴奋剂的使用在对人体造成极大伤害的同时，也违背了体育公平竞争的原则。高科技带来的体育成绩的提高，一定程度上也会否定人生命的意义，技术化趋势也逐渐地造成了体育的不公正。

科技水平的无限发展带来的体育的技术化也造成了体育竞赛的起点不公正。在目前的竞技赛场上，运动成绩的决定因素是多种多样的，它包括运动员自身的身体素质、运动员后天的努力等等，同时国家和地区的经济状况和科技水平的应用也会很大程度上影响运动员的运动成绩。

随着高科技在训练和竞赛中的应用，这种“因对高科技占有的不公平而导致运动员在训练和比赛中产生的不公平的结果”，已经违背了竞技体育的公平竞争精神。

科学技术的发展给体育带来的某些负面的影响不是科技本身的责任，就拿最简单的核武器来说，现在很多的国家都拥有这种武器的创造技术，核能既可以为人类造福，同时也可能会毁灭人类，关键就在于掌握它的人。所有我们一定要防微杜渐，坚决抵制和消除科技的进步在体育领域内带来的负面影响，这要求我们首先要转变人的态度和认知，做好人的工作。由于人的思想意识会受到体制和制度的影响，所以，我们更加应该把精力放在改变现有的体育制度和建立一种更加关注人的全面发展的体育制度。

（三）消除反科学和伪科学的负面影响

由于我们对于科学思想和科学方法的忽略，进而导致了体育发展过程中的许多问题。在人们进行日常的体育锻炼的时候，锻炼者运动猝死和运动中因运动方法不科学而导致受伤的情况数不胜数。

社会体育中，由于科学知识普及程度的低下，一度使一些非科学甚至反科学的东西甚嚣尘上，甚至导致披着体育外衣的邪恶组织的出现，对社会和群众的生命财产造成了不可估量的损失。

更让人感到害怕的是，随着竞技程度的不断提高以及体育竞技所带来的巨大利益的驱动，兴奋剂开始出现在人们的面前，它披着科学化的外衣，兴奋剂给体育带来了巨大的不幸，同时给整个体育界带来了一张史无前例的灾难。

有些所谓的体育理论家试图用一种看似新颖和独到的观点来为兴奋剂解脱，认为兴奋剂的使用是由一定的合理性的，这将会对竞技体育的健康和谐发展产生非常恶劣的影响。对于竞技体育来说，一定要强调体育的科学化，但是这种科学化不应该仅仅体现在恶意使用高科技的手段来干涉健身锻炼和运动训练，必须对运动员的基本素质的教育和培养方面加以引导，我们在这方面做得还远远不够。

因此，在科学技术的运用上，在体育界一方面要重视高科技的重要作用，另一方面也有清醒地认识到高科技技术手段给我们带来的消极影响。我们一定要本着“以人为本”的理念，坚决杜绝和抵制体育领域中的反科学和伪科学的现象。

六、和谐体育观

体育是社会系统中的一个小的系统，必须和社会的政治、经济、文化发展水平等相适应才能够使体育健康、持续地发展。体育系统的内部包含有竞技体育、学校体育和社会体育三个门类，体育的内部系统也要相互之间协调发展，相互促进。

和谐的体育观认为，体育发展需要和社会发展、人的发展以及体育系统内部的发展相互的协调，这样的发展才是和谐的。

（一）体育要与社会和谐

之前我们提到，体育是社会系统中的一个子系统，体育的发展应该与社会的发展相互协调。

在不同的政治和经济体制下，体育的制度和发展目标也会有所不同，不同的政治制度影响着对社会体育的参与权利，不同的政治体制也影响着人们参与体育的热情，不同的政治需求同样会决定体育的走向。

经济发展水平制约着体育的投入，居民收入水平影响着体育的消费数量和结构，经济发展程度决定了社会闲暇时间的多少，影响人们的体育参与，也影响着体育的结构和手段；从文化角度看，不同文化的价值观决定了体育的内容和形式、不同文化影响着体育参与形式，文化交流对体育内容和人们体育态度的改变等都会产生重要影响。

体育发展必须与不同社会发展阶段相协调。当社会政治、经济体制进行改革的时候，体育体制也需要进行相应的改革和调整。在之前的生产方式和经济体制下形成的体育体制是和当时的社会政治、经济体制相适应的。而随着社会生产力的发展，随着生产方式的变革，体育也要适时地主动改变。

（二）体育系统内部要和谐

在体育系统内部，一般分为社会体育、学校体育和竞技体育。其中，社会体育和学校体育为竞技体育的发展提供基础，而竞技体育是一个国家体育发展水平的重要反映。

社会体育和学校体育反映的一个国家或地区体育发展的横向的“面”，反映普及程度，而竞技体育水平反映的是一个国家或地区体育发展的纵向的“线”，反映水平高低。但三者之间发展应该是协调的，社会体育和学校体育是竞技体育发展的不竭源泉，为竞技体育发展提供后备人力资源的支持；竞技体育为社会体育和学校体育提供精神鼓励和指引作用。

现在我们提及的“普及”就是指现代社会体育的进一步发展，“提高”是具有较高水平的体育运动的进一步发展。普及和提高是两种完全不同的任务，在一定的社会条件下，两者之间能够相互的促进。在我们今后开展有关社会体育的工作时，应该多方面兼顾，千万不要顾此失彼，现在的情况是社会体育和具有一定水平的竞技体育都需要得到普及和提高，但是我们也不能片面地将社会体育看作是“普及体育”，而把竞技体育看作是“提高体育”。

体育管理部门在工作中往往容易忽视的就是二者的“结合”，实际上就是忽视二者的协调。

（三）体育要与人和谐

体育是人的体育，体育的发展一定程度上会反映出人的发展，体育和人的发展应该是相互统一、相互协调的，否则这种体育发展是非常正确的，也是不可持续的。

体育发展和人的发展的协调首先表现在体育的目的是为了人的自我完善。人的发展和完善除了要有强健的身体外，还要有愉快的心情、融洽的人际关系、高尚的道德情操和健康休闲的技能和机会。

体育发展和人的发展的协调还表现在发展体育的方法上更人性、更合理。发展体育的目的之一是使人们得到一种愉悦的体验，而非仅仅是成绩的提高，那么，在发展措施上就应该舍弃缺乏一定医疗和强度保障的“三从一大”的非科学的训练方法，采用更合理、更强调情感体验的锻炼方式，满足人们的情感和交际需要。

总之，体育发展绝非体育自身之事，它与社会政治经济和文化的发展紧密相连，并要保持和它们的协调一致。在其内部，要使各个组成部分之间相互协调，共同发展。还要尽量保障不同地区之间、城乡之间体育发展的协调和平衡。

更重要的是，体育的发展是人努力的结果，应该与人的发展相协调，这样才符合体育发展的终极目的。

第三章　中西方体育文化对比研究

本章主要从三个大的方面来研究和分析中西方体育文化的对比和研究，前面的部分讲述了西方体育文化在古代和现代之间的差别，能够让人们很清晰地了解到体育历史发展的进程，然后通过民族传统文化和人的养生文化阐述了中国体育文化的博大精深，最后再通过两者之间的对比和研究，发现中方体育文化和西方体育文化都有其自身不可取代的特点和文化内涵。

第一节　西方体育文化研究

一、西方古代体育文化

（一）体育和体育文化

体育是一种社会实践活动，这种实践活动的目的就是去更好地适应社会和自然的变化，进行身体锻炼是其最基本的手段。

简单来说，体育是人类以自身运动为基本手段，促进身心健康发展的一种文化活动。

文化是人类所创造的精神财富和物质财富的综合，如文艺、艺术、教育和科学技术等，在有些情况下文化也指的是文明，也就是文明的开化。

体育文化指的是人类在所有的体育现象以及促进体育发展的活动中，在观念和精神状态、情感倾向等层面以及在理论认识、方法手段、技能技术等层面所表达出来的行为方式的综合。

在人类认识自然和改造自然以及认识和实践的社会进程中，体育，这一超越自然的“人造精灵”，会一直伴随着人类前进的脚步，以其独特的形式揭示着人和自然、人与社会的联系，维护着人的身心健康，推进着人类文明的进步和发展。

1. 人类生存和发展的需要是体育文化之根

早在远古时代，人们的祖先生活环境是非常的艰苦的，面对着野兽的袭击、恶劣天气的折磨以及疾病的侵袭，他们在为生存而顽强地挣扎、拼斗的过程中，逐渐地学会了思考和创造的能力。人们在生存劳动和生活实践中发现，提高自己的身体活动能力，合理地利用自然条件，能够在劳动中获得更多的物质产品，这样就能够改善一下自己的生活。

基于这样的原因，他们创造了各种各样的模仿生产、生活行为的身体活动游戏，用来进一步地锻炼自己，磨练下一代的年轻人，并且向自己的下一代传授基本的生活和劳动技能。

这些游戏活动在当时虽然不能够被称为体育，但是作为“原生态”的教育活动，它所蕴含的体育元素，为以后体育的诞生和体育文化的发展奠定了良好的物质基础。

人类在生产和生活中工具的发明和使用，不但有效地提高了生产力的水平，使社会出现了一些剩余产品，而且也进一步的激发了人们通过身体活动来表达自己的情感以及愉悦身心的心理需求。

于是，在身体活动游戏中的一些能够促进身体发展以及能够展现人体能力、通过竞争能够判别胜负的内容就逐渐地被提炼了出来，用以在闲暇的时间进行游戏或者是比赛，逐渐地形成了早期的身体活动游戏。

2. 追求自由与平等竞争是体育的文化之魂

黑格尔认为，“自由”为人类所独有，但只有当人类觉醒到自己应该自由、需要自由的时候，自由才能成为现实，远古时代，正是人类追求生存自由的理想，驱使他们创造了各种模仿生活、生产活动的游戏，并通过这些游戏活动和身体练习，实践着他们的理想。

随着劳动工具的出现，史前人类产生的像孪生兄弟一样的两种心理倾向。

（1）征服欲

对外部的世界进行主动的认知，然后加以改造和利用，使自己的心理得到满足。

（2）崇拜心理

由于某种意愿的存在，对某一种事物或者是人产生一种尊敬和崇拜的心理态度。

前者无疑是人类征服自然、获得自由的直接追求，后者则是人们为获得更大自由的一种精神寄托和祈望。这两种心理倾向不仅表现在人类以自然为参照系的体育项目中，而且深深地渗透到军事体育、保健体育、娱乐体育和宗教、祭祀（游戏和竞技）活动乃至普通人的生活之中。

即使是在科学旗帜高扬的今天，每当激烈的体育赛事展开时，总会有数以万计、千万计、百万计乃至更多的观众，疯狂地呐喊、助威，把无数个“加油”寄托给自己在感情上、利益上认同的选手，希望他们击败对手，赢得胜利。

此刻，与其说是观众期望自日崇拜的选手赢，不如说是期望自己赢，或者说期望选手代表自己去赢，而且赢到尤以复加的地步。比赛的优胜者成为体育明星，受到人们的崇拜。

人们在崇拜他们卓越体能，高超技艺的同时，更加崇拜的是他们代表人类显示出的征服自然的束缚、赢得人性自由的力量，“及代表集体、民族、国家、人类获得成功的事实”。

人类来源于进化和进化中的竞争。无论远古还是当今，竞争都是人类生存，发展的进步力量。但是盲目的，不加节制的竞争，不仅会导致两败俱伤，还有可能毁灭人类（如核竞争）。于是，理性的人类将竞争的天性和公平竞争的理想极其简化地浓缩到游戏与体育比赛中。利用体育这一简练的文化形式，将竞争置于竞赛规则的框架内. 通过运动场公开、公正、公平的比赛，尽情地演绎着没有硝烟战火、投有血腥屠杀的“战争”。

3. 强身健体与文明教化是体育文化之本

体育作为一种独特的社会文化活动，它的发展受到社会生产力水平及社会形态的影响，随着人类社会的不断进步，体育文化的功能和作用也呈现出由单一向多元、简单向复杂发展的过程。

原始社会的生产力水平相对比较低下，人类面对生存的危机，与自然界的其他生物物种共同的参与大自然优胜劣汰的竞争，经历着物竞天择，适者生存的生存考验。

人们在生产和生活中所表现出来的追逐猎物、投掷石块、逃避敌害等是最具有体育特征的身体活动，实质上也是最为基本的劳动技能和生活的行为。即使是人类对年幼一代进行的跑、跳、攀、爬等方面的训练，它的目的也是通过这一手段强身健体，进而提高生产和生活的能力。因此，这一时期体育的功劳是生产劳动和早期教育功能的延伸。

一直到农耕社会，劳动工具的使用和生产经验的积累，使得生产力水平明显的提高，随着大量的剩余产品的出现，物质利益的争夺和占有也就成了社会矛盾的核心问题，并且由于这样的矛盾会不断地引发战争。在以体力消耗为主要劳动形式的生产活动中，强健的体魄无疑是创造物质财富的首要条件，而在以冷兵器的格斗为主要作战方式的战争中，拥有娴熟的军事攻防技能，则是制胜的关键因素。

因此，这一时期，随着体育的形成，体育自身的这种功用也逐渐地从生产和生活中慢慢独立出来，尤其是强身健体的功能得到了进一步的发展。与此同时出现的很多的军事和保健性的体育项目，不仅丰富了体育文化的内容，也使得体育的功用朝着服务于军事、医疗卫生和文化教育等方向进行不断地拓展。

工业社会，机械化、电气化的工具在生产过程中的广泛使用，大幅度地减轻了劳动者的体力消耗，提高了社会生产力和人们的物质生活水平。同时这样的做法也导致可人的身体运动不足和体内的营养物质过渡的积累，使得现代“文明病”广泛的蔓延，并成为威胁人类健康的“第一杀手”。因此，大众健身体育和竞技体育进入了前所未有的蓬勃发展时期，并以产业化的形式深刻地影响着社会政治、经济和文化的发展。

随着奥林匹克运动会的全球化进程越来越快，体育运动作为一个国家和民族在国际舞台上展示的平台，我们相信任何一个国家和民族都不会轻易地放弃这次展示的机会，并且他们自己都会积蓄全部的力量进行展示。

奥林匹克被赋予了一定的政治、经济和文化的内容，他的功能也触及了社会生活的各个领域，并且在宣传政治主张、推动经济发展、促进文化交流等各个方面都发挥着不可替代的作用。

信息社会，科学技术成为推动社会发展的第一生产力，以数字化为特征的信息技术在各个领域的广泛应用，全面推进了生产、生活劳动的自动化，极大地提高了劳动的效率，丰富了社会的物质产品。

同时也引发了社会生活方式和人们的价值观念的变化，我们应该清醒地认识到自我发展和自我完善的需要远远地超过了对物质财富的追求。随着社会的闲暇时间增多，人们按照自我意志生活和发展的社会条件逐渐地成熟起来，而丰富多彩的体育运动，则为人们增进健康、展示自我、张扬个性等提供了非常广阔的平台。

因此，体育休闲娱乐的功用将在信息社会得到更加淋漓尽致的表达，并且将和健身、政治、经济、文化、教育等功能有机融合，成为推进人类社会发展的巨大力量。

4. 体育文化的发展

（1）体育文化的发展是一个长期的过程，社会的发展在一定程度上决定了体育文化的发展，没有一定的社会发展和固定的生产方式，就不会有与此相互适应的体育文化，社会发展的本身就是一个长期的历史过程，所以体育文化也必然遵循这一历史的进程不断地产生复杂的演变。

从原始的体育文化向着奴隶社会文化，进而向封建体育文化、资本主义体育文化的发展，都经历了一段相当漫长的历史进程。

当然，体育文化的发展也一定需要文化资料的积累，当积累得越多，基础就会越雄厚，那么体育文化的发展也就会越来越快，正是因为这样，体育文化呈现出一种繁荣发展和加速发展的趋势。

繁荣发展的原因如下：人类越来越深刻地认识和了解到体育文化的各种功能，共同地去推动体育文化的发展。

加速发展的原因如下：体育文化的积累的增加和交融的加快。

在原始的体育文化时期，我们常以几十万年为单位来进行计时，但是现代社会体育文化的发展，在几年甚至是几十年就会有翻天覆地的变化。认识到体育文化在发展中的这样一个趋势，既可以清醒地认识到发展当代体育文化的长期性，而且也可以准确地把握它的紧迫性。

（2）不同的民族文化在发展的过程中会逐渐地形成不同的文化模式，也就是不同的文化构成方式和稳定性特征，它们是在一定的文化生态环境中长期形成的。东西方的两种体育文化形式是不同的模式，在西方的体育文化中，欧洲大陆体育和美国体育是两种极其相似又存在许多差别的模式。同样是欧洲大陆体育文化，不同国家的体育文化也会有很大的差别。

当然，体育文化的模式也不是一成不变的，它会随着历史的发展和科学的进步以及外来体育文化的影响在不断发展和变化着。最明显的例子就是中国的体育文化模式在受到欧洲竞技体育的影响下，逐渐的改变了原来的模式。

(3) 体育文化的发展离不开体育文化的传播，文化的传播在现实社会中是一种非常具有享受意义的事情，在传播的过程中也是人和人之间进行文化互动的过程，体育文化的传播形式多种多样，但是在传播的过程中不仅遵循了普通文化的传播规律，同时还形成了具有自身特色的传播特点，体育文化的传播是人类各个民族的文化相互交流的重要组成部分。恰恰是这种交流，体育文化的本身也得到了一定的繁荣和发展。

体育文化的交流和传播都是双向的，但是高端文化常常更加容易向低端文化流动。在体育文化传播中，如果一个民族的体育文化的消化和吸收能力较强，那么它接受外来文化的能力也比较强。

(4) 体育教育是体育文化得以传递的主要方式。我们这里所说的体育教育包括学校体育教育和终身体育教育两类。

教育对体育文化的传播主要表现在继承和延续两个方面。必须将体育文化纳入到教育中来，这不仅是教育的需要，也是体育文化的需要，从本质上来说就是人类自身的一种需要。

体育文化在传播的过程中在不断的增殖，多种体育文化在相互的交融之后，极有可能会产生出一种新型的体育文化。体育文化的传播的过程中，社会参与会不断地增加，使固有的体育文化得到增殖，也是一次得到全新发展的机会。

（二）体育的起源

远古时期，群居的人们为了得到生存，需要同大自然进行顽强抗争，为了获取食物和进行自卫，他们在狩猎和运动的过程中，逐渐地意识到自身身体素质的重要性，于是慢慢地就有了自觉进行锻炼的习惯，这些原始的活动便是体育的萌芽。

可见，体育的历史和人类社会的历史一样的悠久，可以说，体育和人类的实践活动是同时起源的。

体育起源于实践，有关体的起源，体育界存在着各种不同的说法，我们对其进行了大致的归纳，得出以下结论：

1. 劳动说

波诺马廖夫的《体育的起源及其初期发展》认为：人不仅是在劳动工具的发展过程中，而且也是在认得身体本身——主要生产力的机体本身不断完善的过程中成其为人的。

在这种环境下的发展，体育最初是以狩猎的形式表现出来的，同时也作为一种人们生活和生产的方式，使用劳动工具来进行狩猎，需要人学会全新的动作技能，这就要求在进行狩猎的过程中需要增大力量的作用，进一步提高自己的速度和进攻的主动性。

因此，这种以身体活动为内容，以形成某些动作技能为目的的活动便成了未来更加成熟的体育的起点。

2. 游戏说

“精力过剩论”是19世纪斯宾塞提出来的，这种结论的产生基于18世纪席勒提出的“精神游戏论”，认为旺盛的精力是游戏活动发生的原动力，是艺术、教育和体育起源的终极动因。

但是这样的理论并不能够对体育的产生做出令人心悦诚服的解答。整日为了生存斗争而担惊受怕的人们，一定不会怀着席勒的审美观念，去享受“纯游戏”的快乐。

当然，不可否认，游戏以及过剩的精力确实是从事体育的有利条件。

3. 战争说

战争军事说被用来解释体育的起源，最早见于德国菲特的《体育百科全书》。在史前时代，人们最初的战争只是为了土地和牧场，一直到原始公社末期，才逐渐地出现了掠夺性的战争，战争出现的时间比较晚，所以我们不能够作为体育起源的最初动因来看待。

但是我们不能忽视的是，它在原始社会晚期以一种全新的活动形式丰富了原始体育的内容，并且使之有一定程度的军事倾向。

4. 宗教说

体育起源的另外一个重要学说是巫术宗教说。巫术，特别是宗教，是原始社会发展到高级阶段才出现的一种社会现象，是人类改造主观和客观世界活动的一种产物。

原始人征服自然的能力很小，对自然现象有很大的困惑，认为自然中的万物都有灵性。他们不但崇拜自然，而且崇拜自己的祖先，这是原始人的宗教信仰。

他们在进行宗教活动的时候，经常会利用舞蹈、游戏和竞技来表达出这样的信仰。原始舞蹈不仅包含着艺术的因素，而且还包含了体育的因素。但是它出现之前，人类与体育有关的身体活动形式已经出现了很长的一段时间，在它出现之后，这种身体活动早就演进成为体育的雏形。

很明显，产生很迟的巫术和宗教并不是体育起源的最初动力，但是他们对实践中人体活动形式的进一步提炼、加工并使之更加的抽象，从而为原始体育提供了大量的素材。

在诸多的因素中，劳动是起决定性作用的，占第一位的因素，和劳动的因素相比较，其他的因素都是次要的。

因为劳动的出现进而导致了人类自觉传授动作技能的需要，这样促使了体育在传授的过程中的产生，正是由于劳动的作用，人们的自觉意识才逐渐形成，这种意识使得人的生理、心理需要引发本能的活动逐渐向自觉性的活动进行过度。

（三）史前体育

史前体育的特征如下：

1. 原始性

原始性指的是史前体育尚未从原始人的其他实践活动中分化出来，而成为一种相对独立的实践活动。

2. 地域性

所谓的地域性，指的是体育活动的方式和地域特征有着密切的关系。例如，在游牧民族中，骑马、射猎成了首要的体育方式；在渔猎民族中，跑、跳、投掷等是主要的体育活动。

3. 全民性

全民性指的是所有原始社会成员都享有同等的体育权力。同时，由于每个社会成员都是社会的主人，因而为准备参加劳动和生活实践进行身体训练便是任何人都必须要承担的社会义务。

从而又会带有一定的强制性特征。在社会组织形式还不够成熟的原始社会里，这种全民性和强制性是依靠传统的习惯来维持和调节的。

（四）古代希腊体育

古希腊地形复杂，不宜发展农业，这样就促使希腊人民不得不利用自己的能力，独立为自己的生存和发展进行斗争，进而养成了希腊人力求开拓、独立、自由、用于竞争的性格。

在这种环境下产生的古希腊体育，就必然是以带有个人色彩和争胜负为特点的竞技运动。

1. 古希腊早期体育活动

希腊约有4600年左右的历史，它的第一个历史时期是克里特文化时期。大约在公元前2500年左右，克里特岛上形成了古希腊最早的以诺萨斯为中心的奴隶制国家。

克里特人在古代东方文化的影响下创造了自己的文化。著名的诺萨斯王宫遗址表明克里特人喜欢舞蹈，热衷于斗牛，拳击和摔跤。

公元前1600年前后，诺萨斯王国被阿卡亚人消灭，这使得希腊的历史进入了迈锡尼文化的时期。公元前12世纪末，多利安人进入了希腊半岛，一直到公元前9世纪，逐步形成了许多的城邦国家。

这个时候的体育活动带有浓厚的原始性质，它必须要通过家庭和氏族中的长者来施行，全体成员一起参加。

荷马史诗中提到的竞技项目有战车赛、站立式摔跤、格斗以及射箭等等，胜者可以获得非常丰厚的物质奖励。参与竞技的大多都是头面人物，这反映出体力和竞技依然是竞选领袖人物的重要参考条件，这也反映出了体育阶级分化的某些迹象。

2. 古代雅典体育

在雅典，人们把人体的健美看作是美的最高标准，并且在社会中逐渐地形成了崇尚健美的民俗。许多表现神的艺术形象通常都具有发达和匀称的肌肉，如太阳神阿波罗，大力神海克力斯等等都是按照当时人们的最为理想的健美身材来进行的人物塑造。

因此，有人推断，这些表现健美的被人称之为神的现代艺术品，都是以健美的模特来进行发挥和塑造的。

由于长期受到美的熏陶，雅典人对人体美有非常敏锐的鉴赏力，他们认为肌肉松弛、体格软弱、发育不良是一种耻辱，会受到很多人的歧视，在他们看来，当一个人的身材过于软弱，甚至可能会是一种缺乏教养的表现。

3. 古代斯巴达体育

古代斯巴达城邦，在公元6世纪中叶之前的两个多世纪，他们的军事和体育方面的力量一直都是非常突出的，在整个欧洲都占有非常重要的地位，在这里大约有9000名斯巴达人，但是他们却统治着多于他们4倍人口的希洛族的奴隶。

为了更好地维护这种社会秩序以及保持自己长久的统治地位，斯巴达施行彻底的全民皆兵，但是对于文化方面就显得没有那么的重视了。

斯巴达城邦还会派人专门负责对斯巴达的男童和女童进行身体和军事的训练，斯巴达的女子教育的目的是培养强健的母亲，希望她们能够生育出健康的后代，同时准备在男子出征时候可以进行防卫城邦。

（五）古希腊奥运会

雅典是希腊奥运会的发祥地，古希腊人把体育竞赛看作是祭祀奥林匹克诸位神灵的一种节日活动，每4年会在这里奥林匹克村举行一次运动会。为了更好地平息部落之间的战乱和残杀，每次运动会之前都要派遣3名运动员在宙斯神庙前进行祭坛，点燃长明的“圣火”，并且要手擎着火炬跑遍各个部落，这时，就要停止一切的战争。

1. 古奥运会的兴盛

在公元前8到6世纪，多年的战争和宗教祭祀活动中，在希腊创办了许多的竞技运动会，其中影响最大、比赛规模最大的就是在奥林匹克村举办的祭祀天神宙斯的赛会，它后来成了希腊以奥林匹克命名的奥林匹克运动会。

在公元前8世纪，希腊的一处峭壁上刻有这样的格言：

如果你想强壮，跑步吧！

如果你想健美，跑步吧！

如果你想聪明，跑步吧！

由此可见，在当时来说人们把强身健体摆在一个非常重要的位置上面，这也使得古代奥林匹克运动能够得到迅猛的发展。

下面我们来看一下古代奥运会的一些概况：

（1）时间与届数：从公元前776到公元393年，延续了1169年，共293届。

（2）地点：伊利斯城邦奥林匹斯山下的奥林匹亚村。

（3）运动员资格：没有犯罪的纯希腊传统的男性公民。

（4）运动员一律以裸体参加竞技，以展示男性人体的健与美。

（5）古奥运会是包括文艺，商贸和体育在内的综合性竞技。

（6）体育比赛项目：赛跑、摔跤、五项竞技、拳击、混斗、赛车、赛马等。

（7）获胜运动员将获得橄榄桂花冠与一定的物质奖励。

2. 古奥运会的衰落

古奥运会就像它的兴起一样，由于常年不断地社会战争和宗教之间的一些冲突等原因，古奥运会慢慢地走向了衰落，直至灭亡。

奴隶在进行不断的反抗和起义，战争频繁，再加上饥荒和疾病等因素的影响，希腊民族的元气大伤，对身体健美发达的兴趣逐渐地减小了，那么，竞技也逐渐的失去了原来的意义，伴随而来的便是出现了为了追求个人的成功而获得巨额财富的一些职业选手。

尽管奥运会还在继续进行，但是古代奥运会诚然失去了原有的精彩，很多人对古代奥运会也逐渐地失去了兴趣。

外部入侵的战争和宗教信仰的排斥，最终导致了千年古代奥运会走向灭亡。历时 1170 年的古代奥运会从此便销声匿迹了。

诚然，古奥运会的衰亡直接原因是基督教文化替代了古希腊文化，但是我们看待问题不能只是看到表面，真正使古奥运会灭亡的原因是希腊城邦制度在被罗马帝国统一之后，希腊城邦奴隶制的民主制被罗马帝国的封建专制所代替，进而使得希腊城邦所倡导的自主、平等精神在封建专制制度的社会环境下不得不发生质变，也瓦解了奥运会存在的基本社会条件，这些原因导致了古希腊奥运会的灭亡。

（六）古代罗马体育

罗马原来是意大利半岛的一个小小的城邦，在公元前 6 世纪之后才逐渐地强大起来，公元前 1 世纪，罗马政府了马其顿和希腊，进而建立起了罗马帝国，后来分裂成东西两个部分。

1. 古罗马前期体育

在罗马，父亲对自己的子女有生杀权，在婴儿出生之后就必须接受检验。在未成年之前一定要接受母亲和父亲的教育，并且要学会一定的劳动技能和农业知识，还有作战的一些必备技能，在 17 到 57 岁时，男子随时可以被召入队伍，在部队的训练是相当严苛的，对于讲求现实的罗马人来说，锻炼是为了战斗，身体的优美、协调没有什么意义。

在共和时代的后期，学校教育开始逐渐地发展，但是在希腊化教育的强烈影响下，比较重视知识和文字的教育，成年的男子在军营必须要接受严格的身体和军事训练，跑跳、骑马、驾车、玩球等在上层社会也比较流行。

2. 古罗马后期体育

在帝国时期，罗马市民的生活中，祭礼竞技的地位比较高，但是罗马市民并不亲自参加运动，只是坐在看台上观看表演。他们不仅对体育的审美和道德价值不感兴趣，对他的军事价值也不感兴趣，因为军队职业化。他们知识愿意参加最低限度的锻炼，这些情况都导致了罗马体育领域的两大特色，即竞技场和浴室。

有圆形阶梯看台的大型竞技场成了罗马文化的典型代表。罗马统治者真正感兴趣的是观看各种流血的竞技，包括拳头、角斗、斗兽直至多大上万人参加的模拟战争，竞技场甚至成了政治斗争的特殊舞台。

罗马时代还非常重视对少数奴隶的教育，统治者曾经开办过一些培养海员、演员等的职业学校和培养工匠的学校，也办了训练角斗的角力学校。一些受过教育的奴隶依然还是奴隶，但是又的角斗士却用自己学到的武艺去争取自己的解放，伟大的奴隶暴动领袖斯巴达就是一名角斗士。

（七）西方中世纪体育

1. 民间体育

在农闲或者是节日期间，农民会举办一些赛马和打猎等竞技活动，获得胜利的一方会享有物质和社会的特权，在圣诞节和受洗节还被允许跳舞。

1233 年，在意大利黑死病流行的期间，很多人用舞蹈来驱除流行病。足球最早出现在英国和法国，当时也和驱除妖魔的习俗有关。

2. 骑士体育

骑士，一般都是贵族的子弟，是统治者的底层。通常，对骑士的要求是“16 字标准”，即剽悍勇猛、虔敬上帝、忠君爱国和宠魅贵妇。

二、西方近代体育

11 世纪以后，随着资本主义工商业和城市的发展，资产阶级逐渐地强大了起来，他们迫切地需要建立起与自身利益相互适应的意识形态和文化生活。

直到 14 世纪以后，经过文艺复兴、宗教改革和启蒙运动等文化的洗礼，资产阶级取得了意识形态和文化领域里的决定性胜利，在这个过程中，近代体育逐渐地形成和发展起来。

（一）近代体育思想的产生

第一个表达文艺复兴教育思想的是逻辑学教授吉里昂，他强调青少年要有“支配的理性”和“顺从的身体”，建议根据每个人的个人特点“恰当地选择运动”，并且必须注意“缓和而又节制”。

文艺复兴时期的拉伯雷重点抨击了经院式教育，他在《巨人传》中塑造了一个“思想和能力上、热情和性格上、在多才多艺和学识广博上的“巨人”。“巨人”上午读书，下午锻炼。

1517 年马丁·路德·金掀起了宗教改革运动，创立了新教。新教主张每个人都可以和上帝相通，并且认为身体健康有助于更好地与上帝相通。

法国资产阶级民主主义者卢梭继承、夸美纽斯和洛克的自然主义思想，他主张在自然环境中进行启发式教育。他深信，把学生造就成一个有体力的人，他将很快变成一个有理想的人。

不难看出，卢梭的教育主张虽然带有一定的空想色彩，但是推动了人们研究教育和体育的热潮，促进了近代体育的形成和实施。他的思想对后来自然体育学派的形成有很大的影响。

（二）近代体育的形成

巴塞多按照夸美纽斯和卢梭的学说在德绍创立了一所博爱学校，学生每天学习 8 小时，娱乐 3 小时，手工劳作 2 小时。并且在学校暑假的时候还有两个月的野营，博爱学校最早采用传统的骑士项目，后来老师又补充了所谓的“希腊体操”。

学校里出现了近代意义上最早的体育老师。使学校体育彻底摆脱只为极少数人服务的贵族性质，进而总结出古希腊竞技和德国、法国的游戏以及根据古代的经验绘制而成，其中包括了 8 类基本的运动：

（1）跑，分为疾跑（约 115 米）和持久跑两种。

（2）跳高和跳远。

（3）投掷，石头、标枪和铁饼的投高、投远、投准。

（4）角力，在垫上互推、互抱、互捧及努力解脱对方的抱恃。

（5）悬垂，使木梯和吊绳进行攀、悬。

（6）平衡，包括在平衡木（长10～20英尺）、秋千、竹马、竖梯和晃动的术板等器械上保持身体平衡厦在手指或掌上长约1.2英尺的木棒两类。

（7）举物、搬运、手倒立、单人或双人的拔河、跳绳和翻滚等游戏性的运动。

（8）有秩序的运动，包括舞蹈、步行和兵式运动（即兵式体操，包括各种持枪练习及队列训练）。

（三）近代体育的发展

在民族主义情绪特别强烈的德国和瑞典，体操最先越出学校的范围，形成了两种比较有影响力的体操体系，他们和英国户外运动一起，成了近代体育的三大基本组成部分。

1. 德式体操

施皮斯首创了体育教学中的分段教学和综合教学法，并最早把音乐和体操结合起来。他的教学体操包括协同体操、秩序体操和徒手体操。协同体操，即可提供集体练习的器械体操，按照他把基本运动分为支撑运动、悬垂运动和卧位运动3类的观点，他选择了使用支撑棒，长双杠，攀登架和阶梯台等；秩序体操，即秩序更加严整的兵士体操，徒手体操，基本上采用了裴斯泰洛齐等的基本操作。

2. 瑞典体操

德式体操与瑞典体操相比，前者更强调体育的社会功能，更强调集体和纪律，后者着重于完善和发展人体自身；前者较为蛮拙，后者更加舒缓优美，使用的器械也更为多样，显然瑞典体操更加科学合理。

19世纪后半期，瑞典体操传遍欧洲各国，成为近代国际流行的体操的重要基础。

3. 英国户外运动

中世纪后期，英国社会出现了各种业余运动俱乐部，他们常常受到王室和贵族的支持，逐渐发展为英国体育的主要组织形式。户外运动的发展，并成为学校体育的主要形式，在很大程度上应当归功于拉格比学校校长阿诺德。他实践了洛克的“绅士”教育思想，并且特别重视户外竞技的多方面教育作用，把英国古老公学中历史悠久的户外运动，引导、改造成为重要的教育手段。

拉格比公学有学生自制的俱乐部和运动队，定期的校内和校际比赛，这些后来都成丁英国学校效仿的榜样，其他学校相继建立了运动俱乐部和各种代表队。

三、西方现代体育

随着19世纪工业革命的深入和科技的发展，世界资本主义步入垄断的帝国主义阶段，体育随之进入了现代社会。

（一）现代体育科学的诞生

受到牛顿力学的影响，近代实验医学也得到了深入的发展，体育逐渐形成了自己的科学基础。

1. 运动医学

瑞典体操可以说是从医学观点改造德式体操的产物。但从医疗、运动创伤防治和运动保健角度对体育进行专门研究，则主要是19世纪中期以后的事。施雷贝尔1855年出版了《室内医疗体操》，而被称为德国“系统的医疗体育的创始人”。

这方面的其他较重要的论文还有曾任俄国私立医疗体操研究所顾问的列斯加夫特（1837～1909）于19世纪70年代发表的《解剖学与身体教育的关系及学校体育的任务》和法国人格拉朗热于1889年发表的《身体练习的医疗措施》等。

2. 运动生理学

1794年到l818年，德国出版了《体育百科全书》，其中第二卷是对身体运动进行的解剖和生理学分类，并用数学和物理学加以解说，法国帕贝尔特（1887～1917）对呼吸生理以及肖波（1830～1904）对跑和跳的生理学进行了研究；格拉朗热于1889发表了《不同年龄身体练习的生理学》；英国医生安霍尔、法国医生夏尔丹对肌肉神经的受激反射机制作了相当多的研究，1900年，俄国的巴普罗夫提供了高级神经活动的条件反射学说，对身体活动中的能量问题也由许多人进行了多方面的研究。

到第一次世界大战前，运动生理学的所有基本问题都已有人进行了初步的研究。法国的儒安尔体育师范还在1912年建立了生理解剖学和力学化学实验室。

3. 运动生精力学

德国的韦伯兄弟于1836年发表了《人走步器官的运动力学》一书，

对走和跑时身体重心的移动及动作结构进行了分析。19 世纪后期，法国学者马雷开始利用摄影技术分析身体运动。1877 年，俄国的列斯加夫特在陆军体育师资班开设了人体活动的动力学理论讲座。

4. 运动人体测量

法国的布洛卡在 1861 年创制了多种人体测量仪器；1871 年，比利时学者格特勒出版了《人体测量学》，体育界很快就在实践中加以应用。

美国人萨井特在 1878 年就把身体力量和形态测定作为教育教学法的基础。他所制定的有 40 多个项目的人体量表，l885 年被美国体育促进会和基督教青年会采纳。

l879 年，日本也进行了包括年龄、身高体重，臀围、肺活量握力和力量等多种内容的运动人体测量。

其他如对体育运动中的心理学、社会学、经济学问题的研究，也逐步建立起了自己的学科体系。

（二）近代体育运动的形成

1. 欧洲的新体操流派

19 世纪末叶前，欧洲各国的军队、学校和体育团体普遍热衷于德国式和瑞典式体操，由于这两个体操体系本身的缺陷（如德国式体操忽视健康，缺乏科学性；瑞典式体操过于机械、呆板、流于形式等）。

这必然导致 l9 世纪末 20 世纪初的体操改革，当时不少教育、体育学者在旧式体操的基础上，建立了名目繁多的新体操体系和流派。

2. 户外活动地位的确立

在古利克的支持和推广下，体操和篮球这两项运动很快就风靡了美国和加拿大，后来又通过北美基督教青年会传播到海外。

3. 竞技运动的成熟

英国是竞技运动的重要发源地。l8 世纪后叶以后，当欧洲大陆许多国家热衷于德国体操和瑞典体操等“人工设计的”体育运动的时候，英国则盛行着传统的户外运动和游戏，如狩猎、钓鱼、射箭、旅行、登山、赛艇、帆船、游泳、水球、滑冰、跳远、跳高、撑竿跳高、投石、执铁棒、羽毛球、板球、地滚球、高尔夫球、曲棍球、橄榄球和足球等。

这些运动和游戏，有的是英国固有的，有的则是早些时候从欧洲大陆传过去的，其中大多发展为现代球类、田径和水上运动项目。现代竞技运动就是在这个基础上发展起来的。

4. 体育制度和体育目标的确立

关于体育目标的广泛讨论曾取得显著成果，首先，通过讨论，使“体育是以身体活动为手段的教育”这一现代体育的概念逐步建立起来，从而使“体操”与体育这两个长期混同的概念最后划清了界限。此后，几乎世界各国的学校“体操课”均改为“体育课”。

其次，这场讨论使体育进一步被纳入教育的轨道，并为体育领域里运用教育科学的成就提供了更大的可能性。此外，在这次讨论中还形成了一套美国的体育理论体系，其代表作是1927年出版的《体育原理》。这一理论体系是以杜威等人的学说为依据的，对其他各国特别是殖民地半殖民地国家的体育，均产生了相当大的影响。

（三）现代体育的特点

随着时代的发展和社会的进步，社会的大环境逐渐的发生了改变，现代体育也在不断地变化和发展中形成了自己独特而鲜明的特征。下面我们就现代体育的特点，作简要的分析。

1. 国际化

随着竞技体育的发展，现代体育的国际化特点越来越明显。竞技体育运动成绩也有了很大程度的提高。优秀选手之间的竞争也越来越强烈，每个国家之间的体育实力水平发展不平衡，侧重点也有所不同。

奥运会也逐渐地放宽了对于参赛人员的硬性要求，摈弃了之前的种族歧视和性别歧视，在1988年的汉城奥运会上，第一次出现了职业运动员，职业运动员的参加标志着现代奥林匹克运动逐渐开始学会接受和改正自己的不足之处，对于奥林匹克运动的开放性上又是一个历史的转折点。

2. 社会化

体育是社会发展的一种产物，在国际竞技体育高度发展的同时，国民体育方面形成了一个被称为“第二奥林匹克运动”的大众体育热潮，对社会的发展起到了积极的促进作用。根据有关的数据研究表明：到21世纪30年代，发达国家中直接从事工业生产的劳动力将压缩到总劳动力的10%，随着科技的发展和社会的进步，人们将开始以脑力劳动为主的生产方式。

3. 科学化

体育随着社会的发展逐渐形成了科学化的特点，而体育的科学化正是体育逐渐实现现代化的标志，现代科学技术的发展突飞猛进，从各个正面来讲都推动着社会经济和人们生活水平的提高，科学化的进程也在快马加鞭地走向更高的层次。

现代体育必须在一切领域内科学、系统地运用现代科学技术的理论和方法，其中包括了体育的决策、管理、教学和科研等。

4. 商业化

把商业化引入现代体育运动，不仅可以解决体育自身的发展中遇到的经济问题，还给体育注入了新鲜的经济时代血液，开创了竞技体育运动发展的一种全新模式。

第二节　中国体育文化研究

一、民族传统体育

中华民族的传统体育是在中华历史上一个或者多个民族的体育进行不断的继承和传播的体育活动的总称。基本上包括了我们国家具有传统特色的健身、习武和娱乐等运动项目。民族传统体育更深层次的含义是体育的、传统的和民族的。

所谓民族的，就是指这类体育活动或体育运动具有民族性。这种民族性主要表现在它的民族文化底蕴。这种民族文化的底蕴主要能够体现出各种的体育活动或者是体育运动项目都来自于民族，表现了一种人民普遍喜爱本民族的传统文化的和民俗的习惯的现象，所谓的传统的就是这一类的体育项目具有历史的继承性，是一代代人传承下来的文化的精髓。

所有民族性的体育文化活动都具有一定的历史原因，或是民族文化的原因，或是政治背景的原因等等，现如今我们看到的传统的体育文化活动形式都是经过千百年的历史选择和发展形成的，在形成这一特定传统的时候，人们去其糟粕，取其精华，进而逐步的发展和成熟，这样的民族传统体育活动具有一定的民族性和历史性，同时，它也是本民族甚至是本国重要的传统文化构成部分。

在我国历史上，中华民族是在各民族的几次大的迁徙过程中，不断融合而形成的，56 个民族在政治、文化、生活方式等诸方面结成不可分离的血肉联系，为民族体育项目的产生与发展提供了社会基础。

构成民族传统体育最根本的特征是体育性、民族性和传统性。民族传统体育其内涵和外延是相当广阔和深邃的，概念只是突出民族传统体育的本质特征。随着学科进一步的发展，我们将建立一整套民族传统体育科学体系。

二、传统体育文化的内涵

中国传统体育文化是中国传统文化重要的组成部分之一。中国传统体育是指那些源于中华大地流行于各个不同时期、有史料可查、被社会不同阶层所接受的体育项目。

传统体育植根于民族文化土壤之中，受到不同民族文化的培育。由于其自然、社会环境的不同，因此在体育文化发展和交流中表现出了一系列的差异。

社会发展的不平衡，影响和制约着该区域的生产，生活方向和方式。进而影响到社会结构的模式，或封闭或开放，或以血缘关系为主，最终使文化最高层面的思想意识出现较大区别，以至于影响各个文化现象各具特点、五彩缤纷。正是因为这些富有特色的民族文化的存在，才使得这个世界拥有了很多绚丽的色彩，人类文明的发展也会拥有强人的动力，表现出了民族传统体育更加具有非凡的意义。

三、民族传统体育文化的形成

中华民族是一个拥有五十六个民族的众多集民族文化于一体的民族国家，各个民族在长期的历史发展过程中，由于人文环境、地理条件、经济政策以及自然等各种因素的不同，他们所创造的民族体育也是各有特色。在五十六个民族中汉族的人数大约占 96%，所以在中华民族的所有体育文化中都是以汉族的体育文化为主，同时吸收部分的其他民族的体育文化形式。

中华民族的传统体育很好地继承了两晋以及隋唐和宋朝的特点，但是在明清以后，中华民族的传统体育文化就发展的相对缓慢，直至以后落后于世界的平均水平。

我们只有重点加强中华民族传统体育的深入研究，同时给传统体育合理的发展空间，才能够在体育全球化的大趋势之下保持自身的良好发展势头，在新时期内保持一种强有力的竞争力。

四、民族体育文化的特点

（一）政治性

民族体育文化正在逐渐地被作为统治者维护统治地位的一种工具，成为当时社会生活中不可缺少的重要组成部分。

民族体育文化始终为政治和经济服务，为人们的生产生活来服务。经过不断的继承和发展，人们把各种有益的、符合当时当地民族体育文化的成分传承保留下来，经过长期的积淀，形成了为统治者所用的工具。民族文化自始至终都带有鲜明的政治色彩和明确的阶级烙印。

（二）民族性

我国体育文化最明显的一大特征就是民族性，不论是在某一特定的发展阶段，还是在具体的历史过程中，都有不同的民族差异，这就是我们常说的民族性。

具体的来说，民族性指的是某一个民族的体育文化在发展的过程中，形成的一些民族文化特征，这样的民族文化特征是这个民族共有的，但是其他民族所不具备的一种文化特征。

（三）内涵鲜明性

具有自己的制度和风俗的社会，必然会有与之相符的思维方式和行为模式。民族体育作为社会风俗的典型体现，它的文化内涵不仅和民族思维方式有关，而且和特定的文化氛围也有很直接的联系。

中国少数民族体育与生产劳动、军事、战争、宗教、婚姻等生活以及政治上的很多事情都紧密的结合，它的内涵也十分的清晰，在众多丰富繁荣的民族体育中，有相当一部分是来自于先民的劳动形式，体现着劳动这一文化内容。

（四）重“礼”性

众所周知，“礼”是中国传统文化的核心，那么民族体育文化也会受到一定程度的影响，“礼”也成为民族体育文化的一大特征。

（五）群体性

所谓的群体性指的是民族体育文化是一种某一个特定的族群所共有的文化，在同一个民族中，人们表现出来的生活习惯和宗教信仰等基本都是相同或相近的。

它通过个体或者群体的协作来共同完成一个活动，目的就是达到个体满足以及群体之间的和谐。

（六）多重性

每一种民族体育运动都有一个主要的来源，但是这个来源并不是单一的渠道，一种体育形式往往会综合很多种运动形式，因而会包括多重文化内容，在表现形式上也会呈现出多种文化内涵。

（七）相对稳定性

民族体育是经过历史的发展和演变、积淀而成的文化事项，民族体育依民族本土而生，有很深的民族根基，并且在表现形式上体现出活泼和有效、生命力顽强等特点，再加上民族自强心的驱动，某些特定的活动的保存，因而民族体育文化有着相当的稳定性。

（八）发展性

民族体育文化是一种不断传承发展的文化，现实生活中的民族体育文化绝大多数都是从前人那里承袭而来。民族体育活动的形式一旦出现，它就会沿着既定的轨迹向前发展。各民族的体育在与其他民族交融过程中，不断汲取其他民族的文化养分，来使本民族的传统体育得到完善。

有些民族的体育文化在其历史的发展过程中，由于受到地理环境或生活环境的改变的影响，也随之变化和发展。

本民族的体育活动是不断满足人们的物质和精神生活的需要而发展的。如满族入关之前的体育文化是符合当时的地域和环境的需要而产生的，但入关之后，其体育文化又随着关内环境和风俗的需要而改变发展。

（九）区域性

一定地域内的地理环境是一个民族长期繁衍生息的空间条件。民族体育文化的区域性，是一种具有时间以及空间限制的、存在于区域之内的文化现象，它有自己的主体族群，也有自己生存的自然以及地理环境背景的差异。民族体育的形成、发展及其文化内涵与形式完全是建立在该民族的自然地理环境、社会历史生活，传统民俗心智等基础之上的，因而表现出一种特有的民族风貌。

各民族的传统体育活动及其所形成的价值观念、审美情趣等民族体育文化现象，在很大程度上也是在广阔地域内的地理环境差异性作用下形成的。

（十）娱乐性

远古时代的民族体育文化虽然在史籍的记载中并不多见，但是在各地发现的壁画和岩画等充分地反映了民族体育文化的娱乐性。

（十一）活动形式简单性

民族体育的许多活动但从动作的外形上来看，是非常接近自然的，这些动作有的来源于动物，有的来源于平时自己的劳作，而且大多数活动自由、随便，很少有规则和约束。

五、民族传统文化的发展

（一）古代体育文化的发展

对于古代体育文化的发展我们大致可以分为八个相对简单的阶段，便于人们更好的理解和认知。

1. 原始社会——古代体育文化的萌芽

氏族公社时期在原始社会具有典型的意义，人们加深了对各种事物的认识，与生产有直接联系的原始文化相继出现，与宗教和各种教育活动相联系的各种游戏、舞蹈、军事武艺、卫生保健等应运而生，这种脱离生产的身体练习和娱乐活动一经产生，就具有相对的稳定性，并逐渐发展为有目的有意识的身体练习，这就构成了体育的原始形态。

2. 夏、商、西周——古代体育文化的雏形

夏、商、西周共计1300余年。在这漫长的岁月里，体育随着社会生产力的提高和经济、文化的发展而不断演进。在氏族公社后期，我国体育已经萌发出来并在教育、军事上得到应用。

3. 春秋战国——古代体育文化的蓬勃发展

春秋战国时期在医学发展基础上创造了养生学，用来增进健康，预

防、治疗疾病；另一部分军事家，为增强战士体魄。采取了许多训练美体的手段。

我国古代体育基本上就是沿着这样两条道路，逐步由低级向高级发展。而各种体育思想，则在体育实践的基础上逐步形成，对体育的发展起到很大的推动作用。

4. 秦、汉——古代体育文化的兴盛

秦汉时期（公元前221年～公元220年），封建大一统的局面为体育的勃兴创造了新的历史条件。在继承先秦体育形式的同时，活动的规模不断扩大，新的形式陆续产生，竞技性和娱乐性日益增加。

各种舞乐表演受到了统治阶级的特殊重视，角抵戏开始兴盛，具有较为稳定的表演形式。尤其值得一提的是，盛极一时的蹴鞠，发展为有规则、有场地、竞技性强的比赛。技击武艺走向规范化，保健养生以及体育性质很浓的百戏等娱乐活动独具特色。

在养生理论方面，创造了一个相对完整而严谨的养生理论和实践体系，对后世养生学发展产生了重要影响。

5. 魏晋南北朝——古代体育文化的大融合

魏晋南北朝是中国历史上分裂时间最长的一个时期。四百年里，各种力量为了争夺统治地位或扩大统治范围，展开了激烈的斗争，政权更迭十分频繁。社会动荡不安，民族矛盾尖锐。这使得大规模的人口迁徙成为现实，使中原文化与周边各民族的文化有了一次大融合，各内迁民族的文化给中华传统文化注入了新鲜血液，同时对中华文明的整体提升具有积极意义。

民族传统体育在这样时代背景下有了很大的发展。并呈现出有别于其他历史时期的独特景观。体育养生思想在这一时期逐渐兴盛。

6. 隋唐五代——古代体育文化的繁荣

隋唐时期．在中国古代养生理论的建设方面取得了突出的成就，运动健身观念有了进一步的发展，导引按摩作为一种医疗手段，正式进入了官方医疗体系。并在医疗保健实践中得到广泛运用。导引术由此正式分化为以治疗疾病为主的医疗导引术和保健为主的养生导引术两大类。

保健为目的的养生类导引术和行气术也获得了重要发展。另外，隋代道士苏元朗继承和发扬了东汉魏伯阳《周易参同契》的理论和方法，开启了隋唐到来启盛行一时的内炼外养体系。

7. 宋、辽、金、元——古代体育文化的完善

宋、辽、金、元时期的体育文化逐渐完善。这一时期的体育运动项目有武术、蹴鞠、游泳、跳水、长跑、冰上运动、象棋等。

另一方面，宋代印刷术和造纸术发达，重视对立化遗产的整理，推动了养生理论研究和导引行气一类养生术的汇集、整理和出版，直接推动了体育养生的发展。大量养生学著作的出现标志着宋代体育养生发展进入了一个新的发展阶段。

“八段锦”体系的产生是宋代引导术发展的重要成果。内丹在宋代成为行气术的主流。另外，宋代体育养生在民间也广泛开展。很多人都对引导行气术加以研习。

8. 明清——古代体育文化逐渐成熟

明清时期，武术形成体系，此时期是武术发展的巅峰时期。这一时期的体育运动项目有投掷、射箭，摔跤、蹴鞠、游泳、捶九、冰嬉等。

我们国家的体育养生发展在明朝达到了一个发展的巅峰，在这个时期，主要讲求的就是引导术，正是引导术的广泛推广和普及使得健身体系得到了进一步的优化，同时还取代了宋代比较盛行的内丹，成为当时养生发展的主流。

同时，体育养生的文化载体也由魏晋唐宋时期的道教集团向更广泛的社会群体转化。体育养生演变成为一种大众性的健身体系。清代以易筋经为代表，传统导引术与武术相结合，导致新的体育健身体系——武术内功的出现。

到清末，在近代体育的冲击下，传统导引术逐渐衰落。而内功则因武术的流传而得以留存。

（二）近代体育文化的发展

近代中国体育，是指 1840 到 1949 年这段时期在中国流行和实施的体育。它包含两个方面，一是中国本身固有的由古代延续下来的传统体育；二是由西方传入的近代体育。

古代中国的体育也经历了相当繁荣和发达的阶段，但是到了清代的后期，体育的发展便远远落后于世界的平均水平，这和当时所处的社会环境和政治背景有很大的关系。

一直到鸦片战争以后，中国逐渐开始接触到世界先进的体育文化，这时，中国体育文化才逐渐开始走向正规，同时也有了一定的发展空间，经过了全新的体育理念和旧的文化的融合，直到20世纪20年代的后期，一种新型的符合中国特色的体育文化才得以正常的发展。

（三）现代中国体育文化

1. 我国国体育事业的初创

中华人民共和国成立之初，在体育领域面临的主要的任务是接收和改造原有的体育设施和体制。无论是中国人民政治协商会议制定的纲领还是朱德在中华全国体育总会成立大会的讲话，都强调了体育史文化教育工作的一部分，也是卫生保健工作的一部分，坚持“全民体育”。体育事业要为人民的健康服务，为国防和人民大众服务。

2. 我国国体育的曲折发展

从1957年到1966年，在我们国家全面进入社会主义建设时期之后，体育事业才能够继续得以发展，同时也为今后体育文化的建设铺好了一条宽阔的道路。我们都知道在这个时期全国掀起了一股反右派斗争的浪潮以及“大跃进”等政治运动，这种政治环境下的体育，在发展的时候也受到了一定的负面影响。

总体来看，这个阶段的体育经历了曲折的发展。两头出现了高潮，三年国民经济困难时期遇到了挫折。从1966年5月开始的10年“文化大革命”社会主义体育事业也遭到严重摧残。

3. 开创体育事业的新时期

在大力发展民族民间体育活动的基础上，对一些民族传统体育项目进行了整理，使之逐步规范化并成为正式比赛项目，也是“文革”以后竞技运动发展的一个特点。

除武术以外，到1987年为止，毽球、龙舟和风筝也先后有了正式的竞赛规程，并被列为全国性比赛的项目。在武术，龙舟和围棋等源于中国的体育活动，都已成为国际性的竞赛项目，成为了加强国际联系和促进世界体育繁盛的重要因素。

我国国体育发展的历史，是从一个体育极为落后的国家发展为亚洲体育强国并朝着世界体育强国迈进的历史。中国人民克服了重重困难，经历了曲折和反复。创造了举世瞩目的辉煌业绩。

但是，由于我国还处在社会主义初级阶段，经济文化都还相当落后，因而体育的发展还面临着许多困难，特别是在实践中对体育的发展期望过高、过急。要求体育事业越集中越好，这些对体育事业发展造成了不利影响。

第三节　中西方体育文化的碰撞与交融

一、中西文化的差异性

（一）东西文化特质上的差异

1. 求真与务实

如果我们把求真当作学以致知，而把务实当作学以致用，那么相比较而言，西方人会更加注重求真，而东方人更加注重务实。西方轴心时代所形成的哲学文化一般会比较偏重于“知性”的思维模式和“求真”的价值取向，在体育文化上我们主要也应该推崇的就是竞争、自由、公平和规则。最终追求的就是对事物真相的一种探索，这种精神表现在运动场上就是对人类极限的挑战和超越。

在运动的过程中我们可以利用解剖和生理学的方法，去解析微观环境中的人体组成，以一种相对理性的态度去看待人类的体能。以中国为代表的东方思想哲学自古以来都崇尚“悟性”，以及“尚用”的思维模式，在体育文化方面主要宣扬自然、静心等理念，讲求学以致用，最终达到保持健康的目的。

2. 个人与集体

东方的体育大多受到了许多传统儒家思想和宗教习俗的影响，他们特别重视在进行体育比赛的时候讲求的整体性，在讲求整体性的同时还特别注重和谐的因素，儒家思想在中国人的脑海中可谓是有着根深蒂固的地位，儒家特别注重传统文化以及社会道德的衡量，那么，在我们东方体育中难免大多数人会相当重视体育比赛中所蕴含的和谐的因素。

西方体育文化倡导公平竞争，在体育运动是强调个人潜力的发挥、个人目标的实现以及个人利益的追求。

西方文化最深层次的内核就是讲究个体本位，具有很高的人文价值，就个人来讲，我们只有通过自身的不断努力、奋力拼搏、积极进取，在进行比赛的时候积极发挥自己的潜能，才有可能取得比赛的胜利。

3. 伦理与法制

按照一定的法则来办事，凡事都要讲究有理有据。这一原则表现在体育方面就是能够遵循公平、公正和公开的原则。在运动场上不要顾及权贵和思维，运动场上的输赢靠的就是个人的实力，和其他任何的要素都是没有关系的。另外要注重制度的完善和利用，法制的意识一定要凌驾于人情和伦理道德之上。

4. 定量与定性

我们知道，中国人的传统思维方式具有一定的政治伦理性的特征，我们评价一个运动员的时候一定会注重性质的鉴别，我们自然会看到其客观的体育成绩和结构，但是对其主观的努力、训练的辛酸以及训练过程中人际关系的处理同样也要给予充分的考虑，特别是本人的态度、操行以及品德修养。

很简单的一个例子，丰富的夜生活在国外运动员中是习以为常的，但是在我们国家看来就可能因为生活作风的问题或者是道德的问题而毁掉自己的前程。同样的例子，在中国部分运动员可能是状态不好，但是他在训练的过程中特别刻苦、态度也很端正，人际关系处理得也很不错，基于以上原因，这名运动员可能也会继续留在赛场上。

对于西方体育而言，他们更加注重的是定量的分析。他们在进行问题分析的时候，尽量拿事实来说话、用数据来说话。在进行篮球比赛的时候，比赛中的篮板数、命中率等，都是评论家甚至是教练员挑选队员进而制定计划的重要参考依据。

在制定目标的时候，强调目标的可度量性，注重将目标进行细化、量化和节点化。由此可见，我们的东方体育会更加倾向于对精神的一种追求，由事物的表象看事物的本质，从本质上对事物进行把握和判断，更加注重“定调”和弘扬主旋律，把定性放在一个优先的位置。在进行武术表演的时候，大家看重的是表演过程中的“精、气、神”，并不是像足球中的速度和成功率等。

西方的体育强调运动的结构，一切都用数字来说话，他们不怎么关心你为此做了什么，也不会关心你这样做有什么样的动机，而是关心你最终做成了什么。在西方人看来，我肯定会承认你为此付出的艰辛和疲劳，但是我会更加注重你的成就和功劳。

（二）中西文化差异的背景

中国的传统文化是中华民族几千年的文明溶化汇集积累而成的一种反映中华民族特质与风貌的民族文化，中华民族传统文化是一个内容非常复杂的文化系列，其中儒家文化的“重利轻义”对体育文化产生深远的影响。在他们看来实现人生唯一的目标就是要追求一种道德的高尚，这种道德的高尚宣扬“存天理、灭人欲”，道德生活的追求一定要高于物质生活。

中国的体育文化受到社会制度和普遍意识的限制，国家森严的社会以及总价制度和安于现状的小生产者意识并且伴随着趋于稳定结构的农业大国的传统意识造成了现在的封闭状况，这就会形成一种反对冒失、反对竞争和自由选择的生活习惯，在中国的传统文化中很少有强烈的竞争意识和竞争活动，这样一来，基本上很少人能够得到充分发挥创造性和能动性的机会。

中国和西方的体育观念在中国人的头脑中必然会产生一定的思想冲突，中国人心里固有的排外心理和保护心理轻易不会接受西方体育的文化，因为西方体育文化毕竟是以竞争为宗旨，这与中国原有的传统文化观念正好的相反的，所以在接受程度上会有一定的难度。

（三）中西体育文化价值的差异性

在任何的文化形式上的差异性都能够在哲学的领域内找到相应的契合点，中国古代体育的单一意识和主张人的思想统一，这种观念抑制了人的个性化发展以及竞争意识的表现力。但是我们知道在西方的体育文化和氛围中，他们的民族文化和地域特征都呈现出了丰富的多样性，这一点也影响了西方体育的文化价值观，使得他们的体育文化讲求竞争和创造，从各个方面来满足人们的精神文化需求。

中国古代的体育更加注重人内的在气质、修养和精神的涵养等，这中文化氛围的存在以及中国各个朝代的政治背景等，注定了中国的体育文化发展走向，更加注重人格的培养，与西方体育讲究的力度和美感有本质上的区别。

综上所述，我们不难发现中国的体育文化注重的是精神层面的特质，西方体育文化注重的是人体化的特质。

（四）中西体育文化追求的目标不同

中西体育文化是两种完全不同的体育文化，我们单从运动目的上来看中国的体育主要表现为通过体育的手段来表现修身养性和内部完善的目的，西方体育则是表现为运动的客体技术和技能上的完善程度；从运动根基上来看中国的体育文化表现出一种天人合一的运动哲学思想，西方体育则表现出哲学和自然科学的相互统一；从运动形式来看，西方体育主要表现为技术的完善，中国体育则表现为左右相合、内外合一；从运动负荷上来看，中国的体育力求控制一定的范围，不主张运动造成的平衡失调，西方在这一点上则采用物理量的变换概念。

二、中西体育文化的相互融合

（一）哲学体育与物理体育的互补与交融

中国传统的体育强调的是人和大自然之间能够和平相处、和谐统一，而西方的体育则强调要以人为中心，讲求人的价值，征服自然的能力，战胜自然的能力。中国体育强调人的身心要均衡发展，西方体育则着重发展竞技体育，强调灵敏、强壮、耐力等各项硬性的指标。中国的体育受到了传统文化的影响，在一定程度上具有一定的封闭性，但是西方体育博采众长，具有一定的开放性。

综上所述，我们不难看出，中国体育文化应该博采众长，西方体育文化也应该敞开自己的大门迎接新鲜血液的到来，对于西方体育中所蕴含的竞争精神，以及中国体育文化中讲求的和谐因素双方都要有虚心学习和接受的态度。

我们从本质上来看，中西方的体育文化都比较关注“以人为本”，只是在强调事物的基本观点上面有明显的差异，无论是中国体育还是西方的体育都是为了能够强身健体、提升人的精神，进而促进人的全面发展。

（二）项目移植和精神交融

世界上每个领域的文化都来自于本土文化之中，体育领域也不例外，受到东西方各自民族性和地域性的影响，他们都有这个鲜明的特色，“和谐”概括了东方体育文化的精髓，“竞争”囊括了西方体育文化的价值，但是，随着社会的不断发展和进步，两者的体育文化正在相互的交融和渗透。

中西方的体育逐渐相互渗透于对方的优秀运动项目中的现象已经出现了很多种形式，而且他们已经成为相互了解对方文化的一种手段。竞技体育起源于西方文化，现在越来越多的人正在参与到这项运动中来，这样有利于人们的竞争意识的培养和形成。

人们正在逐渐感受到竞争的残酷和比赛公平性的缺点，人们的生活和体育的发展节奏正在加快，现代化的生活和高速发展的社会给我们的体育文化带来了很多的限制，中国传统体育项目由于缺乏一定的竞争意识，在世界体育发展的潮流中可能会失去属于自己的一片天空。

在全球化发展进程逐渐加快的今天，东西方的体育文化可以以一种相互并存、相互发展、相互存进的形式存在，在今后的交流和融合中加快世界体育文化的整体性进步和发展，中国的体育文化应该抓住世界体育文化发展的机会，更多地注入一些新鲜的元素，主动、虚心地接受一些来自西方的优秀的体育文化，进而寻求出东方体育文化发展的新道路。根据现在的世界体育文化格局，我们不难发现，东西方的体育文化相互融合已经成为世界体育发展的趋势了。

第四章 艺术与体育人文社会学

相信肯定有很多人参加或者观看过体育比赛，在激烈的对抗中，我们很容易就能够感受到体育运动的伟大和崇高，切身地领悟到体育给我们带来的强烈的自豪感和美感。

体育包含了速度与力量的竞技，折射出人们挑战极限的不屈不挠的精神，我们就拿以对抗为特征的球类运动来说，它就很好的凸显了人类团结和智慧的力量；其中以表现为特征的体操，很好地显示了青春的气息和生命的活力。

在体育运动中健康的身体、匀称的肌肉、优美的动作、胜利的喜悦等等都可以给人带来美的情感体验。体育能够从形态和机能上让人的身体更加的健美，让人的体力和智力协同发展，提高人的审美能力。体育的过程还能够产生机体的舒适感，带来活泼欢畅的良好情绪，有助于美感的产生。这样的美感和生理上的快感不同，这种美感是不拘束于肉体的自由，是以判断为基础的快乐。

第一节 体育与艺术同源

人类爱美、追求美、创造美，最早是从对人类自身美的认识、评价、鉴赏与塑造开始。实践证明，体育是塑造与实现人类自身完美的卓有成效的直接手段，当体育作用于社会中的每一个自然人的时候，一定会把塑造自身的完美作为重要的目标加以追求，从人体美变化到服饰美，然后再从静止美变化到运动美，“美”作为一种人们生活中最为常见的现象，总是在影响着人们。

一、原始体育与艺术

追溯到原始时期的舞蹈去探索体育和艺术之间的相互结合问题，已经是人们共同的认知了，现代舞蹈中有很多部分已经被划分到艺术的领域之中了，虽然我们还不能把全部的舞蹈称之为体育活动，但是我们需要知道的是，在原始的社会生活中，体育和舞蹈两者是不可分割的一部分。

舞蹈不仅有训练的意义，更加可以给人们的生活带来一定的娱乐性。氏族公社一般是具体生活，在日常的生活或者是在战争的时候都非常重视集体的一致活动，在进行舞蹈的时候，最重要的就是注意步伐的一致，这是一种很好的训练方法。

现在我们学习到的艺术舞蹈和体育舞蹈都是由这些舞蹈形式发展而来的，并且和现在学校的体育课极为相似。早在我国古代的“六艺”教育里就体现出来。“礼”“乐”包含着审美教育，而“射”“御”则是古代体育教育的内容。

到了汉代的时候“百戏”“角抵戏”综合了各种文体项目，它特别要求学生一定要经过严格的训练，具备一定的身体素质和顽强不怕吃苦的神经。所以，“百戏”是部分体育项目和杂技艺术项目的共同源泉。

还有，中国古代西周的“射礼”中有持弓矢舞蹈的仪式，唐代的马球有“龟兹乐”伴奏。《诗经》里赞颂了“泳之游之”的健儿，无论是在王公贵族的墓穴壁画中、甘肃的敦煌莫高窟中还是在浩瀚的古代书籍中，我们都可以见到娱乐和健身的艺术形象，到处都能够看到活灵活现的运动场面，无形中给了现代人们一种很美的艺术享受。

我国早在公元前 2 世纪的时候，音乐和体育就有了完美的结合，这一点也充分说明了体育和艺术的结合是必然的，它最初的产生并不是人们有意创造的，而是事物发展的必然趋势。

此外，对体育有着重要影响的还有古代的美学观点。青铜艺术的造型和音乐对部分体育项目的发展以及规范化，都有着深刻的影响。

可以说艺术和体育在很早的时候就已经完美地结合在一起了，并且两者之间相互促进又相互制约。有很大一部分的原因是古代人对体育和艺术的态度决定了现代人对于体育和艺术的两者的定位，并且对当今世界产生的很大的影响，现今在吸收了西方体育文化的精华之后，仍旧包含着舞蹈和艺术的元素。

（一）美与体育的共同根源

在很长的是短时间内，我们在研究体育起源的课题时，总是习惯于用艺术的起源理论来解释体育的起源。无论是美还是体育都来自于伟大人类的生产劳动，所以我们说美和体育同根同源。

（二）体育按照美的规律进行展现

体育的美是美在体育领域内的展现，是自由的形式特殊化。体育和美自始至终都是一体的，体育运动是逐渐从劳动的实践中分离出来的一种人体活动，为了能够更好地去塑造人类自身的健美，在进行活动的过程中，人们都能够有意识、有目的地按照一定的比例来对人体进行改造。

所以我们可以说，体育是力与健、健与美之间相互结合的一种艺术形式，体育运动不仅仅把人体塑造得更加的强健，而且还会把美的规律和尺度运用的体育运动中。

（三）体育的目的趋向于美

美是体育追求的目标和动力，体育的目的是塑造完美的体制结构。这样的理想体制结构包含了人类征服自身生理极限以及追求自由的崇高的目的。当我们按照这样的规律去实践的时候，本身就是一种创造的过程。

这种创造的结果表现为完美的身体形态，并且通过一定的运动方式让规律性和目的性相互的统一，让美的创造在公平的竞争中得以实现。

人类在自身漫长的社会实践中逐渐创造出了体育的形式，并且伴随着社会的不断发展，体育这种社会现象的审美价值随着社会的发展也与日俱增。体育活动给人们提供的一系列审美需要，是其他任何一种事物所不能代替的，所以，社会要求我们要去寻找体育中的美，进而充分的去认识到体育的审美价值。

二、体育与艺术的相互渗透

随着体育逐渐走向现代化的道路，体育和艺术之间的关系也会变得越来越密切，现代的体育活动有很多已经融入艺术的领域中，一些全新形式的体育项目也如雨后春笋一般呈现出来，具有很强的艺术性。值得一提的是现代舞蹈和现代音乐，都大量的渗透到了体育竞技的项目中去。

体育的项目很多，但是每一种步都是机械的动作相加，而是艺术之间的相结合，逐渐地形成适合人的活动形式，进而发挥体育的独特作用。

体育的作用大致体现为以下两个方面：

（一）心理机能

体育活动可以改善和提高中枢神经系统的工作能力，促使中枢神经及其主导部分大脑皮层的兴奋增强，抑制加深，使兴奋和抑制更加集中，从而改善神经过程的均衡性和灵活性，如中国传统的武术项目中要求的“站如松，坐如钟”，反映出了体育与形体美结合的精髓。

（二）身体机能

体育活动能促进机体的生长发育，提高运动系统的机能，促进内脏器官机能的提高。而这样健康的体魄体现出来的必定是比例均衡的身躯，男子则有发达结实的肌肉，女子则是线条明朗、匀称健美的体型。同时，他们又都具有镇定乐观的神态，落落大方的举止。

综上所述，体育和艺术中所追求的美都是密切相关的，他们就像是一对孪生的兄弟，体育中的健康一定是要由美来烘托的。

艺术是一种美的享受，当形体的塑造和优雅的发展相互融合的时候，体育和艺术就完美地结合在体育中的美属于人类现实社会中的一种美的形式，它虽然和自然美、艺术美有一定的联系，但是却不能因为人体的某些自然属性或者某些运动项目中含有一定的艺术因素就称其为自然美或艺术美。

关于“体育美”的诠释，有各种不同的说法。有的人认为古铜色的皮肤、矫健的身姿、气吞山河的气势等就是“健康美”；有的人认为在体育中增加一部分舞蹈和音乐的艺术元素，使体育和艺术的形式合二为一，这样的美就是“体育美”。日本的美学专家小林信次在其《体育美学》中认为：“体育美是美的本质和特点与体育因素的融合美。”

这位美学家说得不错，有一定的道理，体育和美的关系本来就是密切相关的，体育是健康的象征，而艺术就是美的享受，健康和美丽就像是形和影一样不能分离。

翘着独特的马尾辫的巴乔的退役，使上亿的巴乔迷心疼不已，凡是看过这位意大利足球明星踢球的人，都会被他那出神入化的技艺所折服。这位号称“绿莫扎特”的意大利人，用自己的表现给体育运动重新作了一个诠释，那就是“体育美”。

第二节　西方体育的魅力

发端于西方的竞技体育运动在漫长的历史岁月中，和美结下了不解之缘。

一、人体美

人类对自己体魄的理解和欣赏，是无可非议的、正常的、自然而然的。人类的身体经漫长的历史发展成为艺术审美对象，具有永恒的魅力。

人体之美也是人的外形美，是自然美的形态之一，在竞技运动中的审美对象主要是在进行运动着的人，人体将直接影响着运动的质量、裁判的评分以及观众的观看感受。

竞技中的人体美，首先美在其符合或更趋近黄金分割这一美学原理。同时，在运动中还会经常要求绷脚尖，充分伸展躯干，把动作做到极处等，以弥补形体上的不足。这样可使动作更舒展，体形也更优美。

（一）发现人体美

人的身体运动是运动的存在方式，是体育的具体表现手段。体育中的审美对象主要是运动着的人。那么，何谓人体美呢?

所谓人体美，作为艺术加工过程中的概念，一般是指静态的美。而作为广义的人体美，则是指由生命有机体表现出来的美，它要求严格符合解剖学特点和新陈代谢的生理规律。

人体美是人类健康身体所呈现的美，是一种由良好的生理和心理状态综合显示出的健康之美，是凝结了造型力量的产品和形式。人体美寓动于静，既是美的起点也是美的终点。

当赤身裸体的希腊人走向奥林匹克运动场上时，想到的不仅仅是技压群芳，捧走桂冠，更渴望的是让发达的肌肉、强壮的身体和优美的造型赢得观众的喝彩和掌声。

对于希腊人来说，一个漂亮的体形跟一个聪明的头脑一样重要。古代希腊的奥运会，不但是裸体美的群英荟萃，而且是健康与力量美的群英争雄。但这是一个美具有健康概念的健美时代，这是一场没有健美规则的健美竞赛。古希腊是一个崇拜健、力、美的时代。

在中国的宋朝时候，皇帝在招募士兵的时候，是用一个标准离来衡量候选者，最初是用身高 180 至 190 厘米的真人来做标杆，后来改用木头人来代替。

但是，对女性身体的审美观，随着社会的封建制度的实施和发展产生了比较明显的变化，统治者得比较低级的审美观对妇女的身体造成了广泛的危害。楚王比较喜欢腰细的女人，修建行宫，专门挑选腰细的美女，民间很多的女子为了变成统治者喜欢的细腰，他们不断地节食，甚至是不息饿死。

南唐的后主比较宠爱一个小脚的嫔妃，由此引得万人吸引，很多人便开始模仿，继而在民间遗毒千年，残害了数不清的女子。在畸形的身体审美观念下，受到好逸恶劳的风气的影响，基本上没有人会参加体育运动，锻炼身体。

这也是古代中国没有能够产生像古希腊奥林匹克竞技那种激烈的竞赛形式，没有能够产生比较规范化的各种运动项目，没有能够促使体育发展成为一种相对独立的社会文化形态的一个重要原因。

从古代到今天，斗转星移，时间已经过去几千年了，人们对于人体美的看法是否有一定的变化呢？从现在的影视广告和模特大赛中，甚至是从大街上行人的穿衣打扮中我们就不难发现，人们对于美的追求和冲动相比于古代来说只能是有增无减。

运动着的人体，聚集了一切运动着的物质可能呈现的美。人的形体结构复杂，动态千变万化，个性各不相同。

对美的追求是大自然帮助物种繁衍的手段，但决定这一切的不是基因、染色体，而是文化和历史。不同文化对美的观念千差万别。不同社会，不同历史时期，东西方之间，人们对人体美的理解也大相径庭。

在西方发达国家，消费主义膨胀，食物异常充裕，肥胖成为一个严重问题，于是苗条等同健康美丽；但是在当时还比较落后的国家而言，身材相对丰满的女人更会受到人的欣赏，这种丰满的身材被人们认为是一种健康的身体，同时还能够在女人进行分娩的过程中减轻自己的痛苦，身材比较胖的男人则被人们认为是具有很强的阳刚之气。

在我国封建社会里，人们认为只有女性化的男性才是美的。例如，曹雪芹笔下贾宝玉的形象：“面如中秋之月，色如青晓之花，鬓如刀裁，眉如墨画，鼻如悬胆，睛如秋波，虽怒时而似笑，即嗔视而有情”，具有浓郁的书生气和脂粉味，是一种俊美型的男性美。还有宋玉、潘安、赵飞燕、林黛玉等，确实为俊男靓女，但不一定“健”。那是一种人们常说的残缺美和病态美。

20 世纪初，中国女性以肩膀稍窄、胸部丰满和臀部饱满，呈“正三角形”为审美标准；而 20 世纪 80 年代以来的现代女性则综合了男子上宽下窄的“倒三角形”和女子传统的“曲线美”，追求结实、精干、富有区别于男子而为女子所特有的线条美，强调适中的身段、弹性的肌肉、娇柔的线条、光洁的皮肤和优美的体态，体现出一种刚柔相济、力韵并茂的美。这样的女人不但拥有女性的魅力，同时还能够承受生活的种种压力，承担起一部分社会的责任，这才是具有时代特征的女性美。

（二）人体美的标准

虽然人们经常说“萝卜青菜各有所爱”，美和不美完全在于个人的喜好。这句话虽然有一定的道理，但是对于“美”的判断必然会存在着一定的共同性。美的事物和形象存在有一定的普遍性，否则，人们也不会那么热衷地去追求它了。综上所述，人皆有爱美之心是有一定的章法可寻的。

尽管柏拉图在很早之前就预言“美是难的”，但是关于美的探索，在人类存在的几千年的时间里却一直在探索。美国的心理学家们所做的研究在很大程度上就已经证实了希腊人美的观念。在以往人们普遍的认为，不同的年龄段和文化特征的人，对美的认知会有所不同。

美国得克萨斯州大学（奥斯汀分校）心理学教授朗洛伊斯自 20 世纪 80 年代末以来，孜孜不倦地探问这个难题，研究结果似乎证实了希腊关于美的理想模式的观念。既然海伦娜美不是具体个别的美，而是一种集诸美女之大成的理想美，那么今天用科学语言来说，这是一种平均状态和常模。一般，人们认为，漂亮的脸蛋应该是对称的、年轻的和微笑的，但朗洛伊斯教授发现，这些并不是美的必要条件。

人脸的美关键在于是否趋近于一种平均状态或平均数，即一种脸的常模。这才是吸引人们视觉注意力从而构成美的唯一因素，没有它，即使年轻、对称和表情宜人，也不能构成美的吸引力，因而也就谈不上美了。

从进化论意义上说，人体美是人的身体与自然和谐发展的过程。从审美意义上看，人体美是一种不自觉的审美经验的支配下，合目的性与合规律性的统一，具体地说是运动美的成果和形式，是人体经过体育运动获得的静态美。

所以我们可以说，人体美是运动成果的展现。影响人体美主要的因素是运动，与人体美的培养联系最直接的也是体育的有关部门和组织。丹纳在《艺术哲学》一书中称赞："体育教师是真正的艺术家，不仅把人体练得强壮、行动迅速、有抵抗力，而且还要求对称、典雅。"可以说只有当人体表现着运动美的成果时，它的形式才是最美。

朱光潜说："美的形体无论如何复杂，大概都包含有一个基本原则，就是平衡和匀称，这在自然中已可见出。"黑格尔也在《美学》一书中论述道"人的身体组织有一部分就至少是整齐一律和平衡对称的。"可见，人体的天然形态不仅在结构上巧妙别致，而且在比例上对称均衡。

古希腊毕达哥拉斯学派最早提出"黄金分割定律"（长宽之比为8∶5），我国医学美学专家在研究"黄金分割"与人体美的关系时发现，这个定律其实来自人类躯干部分的宽高之比。

体形健美者的容貌外观结构中，至少有 4 种共 42 个因素和"黄金分割"有关。

体育造就出的人体美是通过肌肉和体型来表现的。肌肉附着在人的骨骼上，它的伸展和运动总显示出起伏和流动，因此便构成了人体曲线美的基础。英国美学家威廉·荷加斯在《美的分析》一书中指出："我们看出来，人体较之于自然创造出来的任何形体具有更多的蛇形构成的部分，这就是它比所有其他形体更美的依据，也是他的美产生于这些线条的证据。"

正如马塞尔·罗埃特在《女子健美》一书中所述，肌肉表现了真正的美，而且肌肉形成的美不是短暂的，它可以摆脱年龄的限制，延续到生命的黄昏。

完整匀称的体型是人体审美的重要因素。体型，即人类身体结构的类型，体型的类型主要由人体的脂肪蓄积和肌肉发育程度遗传的影响和环境因素等决定，因此不是一成不变的。各项目对人的形体尤其是比例有一定影响，篮球——高大；游泳——肩宽、臂长、胸厚臀薄；体操——身短肢长、臂粗腿细等。

（三）健、力、美

1. 健

健，乃是指体型、骨骼而言，要求伟岸而挺拔、强壮而结实；力，是指溢于外表的气度、风采，要求朝气蓬勃、英气勃发；美，则是仪表堂堂、楚楚动人，美的动作、美的造型如果说“健”侧重于正常发育的机体，那么“力”则重于内在蕴含的生命与创造；如果说“健”专指人的健康程度，那么“美”则特指人的审美效应。

健美，健康而优美。“健”是“美”的首要前提，“美”是“健”的高级表现形态；离开了“健”，“美”是空洞的、抽象的、没有生命力的；反之，离开了“美”，“健”是粗蛮的、野性的，没有教化的。

健美是内在蓬勃的生命力与外在动人的审美化的总和。健美运动的目的，不仅仅在于追求发达的肌肉、健康的肤色和优美的体型，而是在于通过锻炼来使人体按照美的规律来造型，尤其是使人具有发达、饱满、匀称的肌肉。所以在健美运动中肌肉被人们称作塑造健美体型的艺术大师。

健康是人体内在的美。围绕健康新概念，世界卫生组织于 1999 年提出了身心健康的新标准。

（1）阐明健康的目的就在于运用充沛的精力来更好地去承担一定的社会任务，人们在面对相对比较繁重的工作时候，不会有过分紧张和疲劳的感觉。

（2）强调人的心理健康，在为人处世的时候表现出乐观主义精神和对社会的责任感以及相对积极的态度。

（3）应该具有很强的应变能力，包括对外界环境的各种应变能力和适应能力。

（4）人们应该表现出的明显的几个体格健康的标准，如体重、身材、牙齿和肌肉等等。

健康的身体是人进行全面发展的一种最为基本的物质基础，人的身体发育一定要有一种完美体魄的概念。

2. 力

力量美是人类最古老的一种审美的理念，在谋求生存的社会环境中，强烈的生存愿望使得人类对力量产生了无限崇拜的感觉，在他们看来，生命和力量两者似乎是同一个概念。

力量是所有的竞技运动中诸多身体素质中最为重要的一种素质，力量能够有效地发展动作的难度、提高动作的质量，帮助人们取得优异的成绩。如果两个运动员在其他的身体素质方面都比较接近，那么，两人中力量比较强的运动员在各方面的动作或者是速度中都会有明显的优势。

同时来讲，力量素质的强弱还会影响其他素质的发展。如果力量增加了，那么将会有助于动作中爆发力的发展，所以在我们进行竞技运动的各项训练中，都会特别重视对力量素质的训练。

3. 美

美是运用各种造型艺术来表现出人体美和运动美，它是竞技运动中非常重要的审美特性。例如，技巧运动之所以能够拥有罪人的魅力，和它拥有千变万化的造型是有很大关系的。技巧中的造型一般分为动态造型和静态造型两种，技巧运动的核心就是造型美。

我们从美学的观点来讲，刚和柔是可以并存的，所以在我们进行技巧造型中更多地表现为刚柔并济这一审美特征。它突出表现在混双项目和其他的项目上。当然有的造型会以刚为主，但是仍然是刚中有柔，柔中有刚，就如同夺目的烈日和多情的明月、险峻的高山与曲折的长河。

总体来说，通过对人体美要素和特点的考察，对人体美特点评价如下：

（1）人体美是人体通过体育运动塑造的美。

（2）人体美是静态性的美，是凝结了造型力量的产品和形式。

（3）人体美带有某种不证自明的“公理性质”，成为关于人体的形式美的组成部分。

二、运动美

人类的一切活动都可以通过某种形式而具有美学价值。从艺术的角度来看，体育运动就是人类通过身心活动展现生命本质，释放人类潜能的艺术活动。人类富有激情的身心展现，使体育运动被赋予了高尚的美学意义。

（一）运动美的形式

在社会生活中许多美的事物往往叫人目不暇接，像一幅幅流动的画面给人以美的享受，让人流连忘返；球场上的一脚倒钩，篮球场上一记扣篮；体操房里的一个“旋”；在跳台上，跳水健儿跳起腾空，然后再进行空中的一些转体，最后像离弦的箭一样进入水中；动听的音乐，轻快的节奏以及运动员的亮丽服饰承托出花样滑冰选手的身影，给人一种美的享受；体操运动员，手捧鲜花在地毯上做着各种让人眼花缭乱的动作，时而轻柔凝定、柔动连绵，那稳健、准确、高难、优美的动作更给人以魅力无穷的回味。

那些肌肉比较发达的举重运动员以及身材魁梧的摔跤运动员，当我们看到他们在运动场上以勇猛的动作完成比赛的时候，很难想象人能够承受这么大的负荷，达到常人所不能企及的程度，更有赛艇运动员搏击惊涛骇浪，拳击运动员敏捷灵活的雄姿……

运动旋律是人类在体育生活和比赛中表现出的高超技术，是体育运动中美的体现。体育运动给人展现的是一个绚丽多姿的艺术世界，这些波澜壮阔和轻盈柔美能使人们得到精神上的愉悦及美的享受。因为他们更深的打上了人的本质印记，更好地显现出了人们的创造性的本质与本质力量，使人陶醉于体育美的享受之中，并由此引发出一种积极向上的渴望，对人生的赞美与陶醉，并逐渐由简单的模仿达到自我的实现。

雕塑展示古希腊人对男性健美特殊的概念和形象的准则，宽厚开阔的胸部，强壮有力的四肢，结实隆起的肌肉……

在运动中运动主体——人，以其特定的动作、技巧形成规范有序，有一定难度的系列表演，显现了美的韵律，给人以运动美的感受。这种美的感受在反映体育运动客观现实的同时，又创造了体育运动的新现实。体育美的感受（审美意识）使运动主体、审美主体在体育运动中直观自身，从而体验自身的意志、欲望、力量和日的，唤起情感的极大喜悦。

（二）运动的审美体验

审美体验可分为直觉体验和理性体验。一般情况下，我们可能更多的是以直觉来判断美与不美。直觉体验是认识主体穿透对象外在的帷幕。对生命本体的瞬间领悟或直接把握。

这仅仅是美的一种表现形式，其实来说，美还有一种内在的表现，那就是感性形象显现在内在的生命活动中来，当感性的认识逐渐升华为理性的认识的时候，美的内在冲动才会在我们的思想中出现。

从概念界定上说，“优美”表现为审美对象与主体感受之间处于一种和谐关系，它是现实对主体实践的单纯肯定关系，且容易被人接受和欣赏的一种美的形态。优美的审美对象在形式方面一般具有小巧、柔和、淡雅、细腻、光滑、圆润、精致、轻盈、轻缓、嫩弱的特征；在内容方面，优美一般不呈现激烈的矛盾冲突，而是一种内外关系的和谐；给人一种心旷神怡的舒适感。

人类在探索美的历程中，首先揭示出的便是优美的形态及其感性特征。无论是古希腊还是古代中国，把和谐、完满、统一与优美联系起来思考，这是他们对体育美的把握的一个主导方面。

总之来说，体育运动之美是一种情感上的体验，更是一系列的由弱到强的性质上的不同的情感体验。这种情感主体的心灵深处。人们非常渴望通过运动健儿们创造的新的高难度动作，看到人类能够在何种的运动极限上将自己的生命锻造的何等辉煌。

三、运动技术美

在人们进行体育活动的过程中，一定会呈现出很多的艺术因素，很多的艺术形式便逐渐表露出来，并且很多的运动项目可以像一场艺术的表演一样，给人一种视觉上的享受。我们纵观整体，体育并不是艺术作品，但是很多的体育活动却是艺术在创造的过程，是人类的一种相对特殊的实践过程，这主要是指运动技术中美的体现。

（一）技术美源于创造

参加体育运动时，尽管我们的技术并不规范，但无法阻挡运动所带来的欢畅。我们将自由地投入，自由地展现。

运动使每一个参与者都得到其所需。古希腊人非常喜爱体育活动，运动员会直接脱掉衣服进行比赛，在阳光的照射下，赛场上运动员的健美身材得到观众们的认可。

因此，对男女人体之美的欣赏和爱好便逐渐地在希腊人的心目中培养起来，同时，雕塑家也喜欢用自己的雕塑手段去表现男人或者是女人的健美或者是各种技术动作姿态。

这种美感又有别于这些艺术门类，一切活跃的富有生命力的创造都在这里在现代社会中，每一个热爱体育运动的人，无论是参加体育锻炼还是进行体育训练，或者是观看表演和比赛，从美学的意义上来讲，他们都是在进行体育美的创造和欣赏。

世间一切关于美的来源都和创造有着很多大的关系，通常来说世间比较美的事物都是能够引起人们的喜悦感的，之所以能够让人们有一种相对愉悦的心情是因为这里面包含了一种人类最为珍贵的特性，那就是源自于实践生活中的自由创造。

所有形式的美都有一个共同的特征，那就是创造，这也是由美的本质来决定的，美的事物总是与社会的进步有很大的关联，和社会的发展规律也有一定的同步性，所以我们说美具有一定的创造性特质。

只有那些符合人类进步和社会发展需求的事物才是充满生机的，才具有一定的创造性，才是人们认为的传统意义上的美。在体育运动中美，通常会引起人们的身心愉悦，首先是因为它具有宜人的形式，其次是这种美的内容能够反映出人类在体育实践中的“自由创造”这一珍贵的特性。

我们可以从体育的本质来看，有时候它还是一个创造的过程，在这个创造的过程中，人们不但可以认识到自身，而且在一定程度上还可以发展自身，从中发现美并且创造美。

体育是在全人类的共同努力和创造下完成的，体育中所体现出的美可以让全世界的人们都感受到体育给人们带来的价值，让世界充满了更多的色彩和生机，体育的创造也是人类文化的一座丰碑。

所以说，创造是体育美的本质和生命，只有不断创造，体育运动才会魅力四射。

（二）技术创造“审美的人”

李宁之于体操，邓亚萍之于乒乓球，乔丹之于篮球，伍兹之于高尔夫……这些巨星，代表着或曾经代表着某个项目的最高水平，引领这个项目的发展和提高，他们以其独有的魅力给人以享受，给人以愉悦。他们身上闪耀的是体育之光，也是艺术之光。

追求体育的艺术境界是他们的过人之处，就他们达到的境界来说，体育也即艺术。最难的动作做得最好，最难取得的成绩完美地实现了，这是体育运动的巅峰，这也是艺术。体育运动高手在实现“更高、更快、更强”的同时也在追求“更美”。

我们知道，体育的本身并不是一种艺术，但是很多的体育运动项目中都有很大的艺术性和审美价值，体育和艺术之间最大的区别就在于体育所采用的是运动中的人体作为构成形式美的重要手段。

体育和艺术的缔造有很大的差别，体育运动的直接目的不单单是为了创造美，甚至在多年以来和艺术相互融合的体育项目中，创造美也不是它的唯一和直接目的。体育运动美是为了人类在改造和提高自身素质的实践过程中，通过体育运动的形式直接呈现出来的。

简言之，人们常常为那些琳琅满目的美倾倒、陶醉，爆发出一种生命的共鸣，一种生命的冲动，并由此引发出一种积极向上的对人生的渴望，对人生的赞美与陶醉，并逐渐由简单的模仿达到自我的实现。

（三）竞赛的艺术

所谓的运动竞赛的艺术性，就是具有较高水平的运动竞赛结合竞争性和艺术性，进而提高竞赛的一种观赏性，保持一种独有的社会价值。

我们需要知晓的是，现在所提倡的体育竞赛的艺术性，并不是在否定体育竞赛的竞争性，我们需要在保证竞争性的基础上，然后注意艺术性的表现。客观来说，随着社会的发展和人们欣赏水平的提高，运动竞技特别需要表现出一定的竞技性和艺术性。如果奥林匹克运动失去一定的艺术性表现，那么，五环之光将会从此熄灭。

高水平的竞技发展至今，对竞技者来说已是一种职业，对观众来说则是一种高品位的文化艺术欣赏。所以，当今的竞技已不再是古希腊人与兽的搏斗，也不是奴隶观赏奴隶间的相互厮杀。它是一种具有艺术性的且有教育意义的运动。

奥林匹克运动若求不失昔日魅力，竞技必须在日常的教学、训练和竞赛中注意增加艺术的成分，改进运动员的技术、战术和运动赛场的姿态，去感染和吸引观众。

例如，国际乒联曾就担心由于乒乓球的旋转和进攻速度加快及回合减少，会失去艺术、失去观众，而积极改进乒乓球、球拍及规则，从而限制球的旋转速度，增加回合、增加比赛的艺术性，努力请回观众。

再如，在第五届世界田径锦标赛上获得 200 米、400 米双料冠军美国的约翰逊，由于过去他跑的技术一般，被人们认为是一名从不流露一丝一毫激情的跑步机器。为了能够在改变在人们心中的这一形象，在接下来的比赛中他都会刻意地去表演一些东西。1996 年亚特兰大奥运会他以非常潇洒的跑姿再次夺得 200 米和 400 米的“双料冠军”。

又如，在国内举行的职业男子篮球联赛，为了提高篮球竞赛表演的艺术性，引进了“外援”队员，从而增加了比赛的艺术性和精彩性，把国内篮球市场“炒”得火热。

由此可见，中国竞技运动在面向观众和未来的行进过程中，着重研究竞技和艺术之间的结合，对于促进领域内创作出更具划时代意义的运动作品有着非常重大的意义。所以我们说，竞技和艺术的结合是艺术化的一种演变。

四、悲壮美

人类热衷体育，并且以体育为美，这是因为人们已经把体育看成是一种展现自己实力的表现方式，对于生活在食物链顶端的人类来说，体育不仅是人和自然之间的一种感性象征形式，而且是一种比较有实践意义的体验形式。

体育发展史往往就是以一连串的数字记录着人类向自身生命挑战所超越的奇迹。人类到底是否有运动极限？人类的运动极限在哪里？

科学工作者曾把 9 米视为人类跳远不可逾越的界限，世界纪录保持者迈克·鲍威尔（美国 1991 年）一下越过了 8.95 米，离这个极限也不太远了。撑竿跳高，即使在不到 30 年的时间里，依靠科技的进步，运动员可以得到 1.34 米的便宜，能越过 6.50 米的高度也难上加难。环行跑道上的自行车速度可以达到 110km/h。然而，为达到这个纪录，应该借助于性能精良的自行车，现在的纪录是 72km/h。

人类的潜力是无穷的，正如体育中的世界纪录，每当有人打破一次世界纪录，人们总会说这已经是人类的极限了，但是随着时间的推移，无论是自然因素，社会因素还是科技因素，这一纪录总会有人打破的，在接近人体极限的时候，人类每往前走一步，都要付出比前人更多的努力。我们与其说极限是一种客观的自然屏障，倒不如说，极限是一种历史的尺度，并且这种尺度总是在不断地被人类自己超越。

第三节　我国体育源远流长的文化和艺术

一、形美：外练筋骨皮

所谓的武术的形美，是武术运动表现美的一种外在形式，通过肢体的运动来唤起人们心中对于美的感觉。其中武术的形美可以分为两种形式，两种形式的内容具体如下。

（一）技击美

技击美是武术的自然美和内在美。我们知道技击是武术的核心，没有了技击，武术就只能是一个空壳，武术中的踢、打、摔、拿等技法，经过人们在现实生活中的发展和演变，逐渐衍生出了诸多武术的技法，这就是武术的精髓。

武术的技击在现实生活中，随着人类社会的不断进步和发展，出现了诸多实用性较强变化技法，这些技法的变化唤醒了人们内心深处对动作美的追求。在武术的内在含义上继续保持技法的使用价值和精髓，但是在外在的表现形式上，经过人们的修饰和创新，更加符合了武术技法的实用性原则。

（二）健力美

健是武术运动员矫健的动作，力是运动员的体魄，让人产生一种健康，富有朝气的美感。

在进行武术训练的过程中，为了能够锻炼出更加完美的肌肉线条，增加身体运动的技巧，我们要进行有目的和有意识的训练，使身体变得更加强壮有力，进而呈现出肌肉的丰满和发达。

武术的“形美”与西方体育所展现的“形美”尚无本质的区别。因此，单从形美角度作为武术美的象征，显然是不够的，因为任何一种运动都可以通过严格的要求、长期的训练而达到高标准的形美。

二、神美：内练精气神

武术中的“神美”主要是在精神和运动节奏上所表现出来的一种气质，我们要想达到一定限度的“神美”，一定要进行不断的训练，并且从文化的角度上对于武术的精神内涵有一个很好的把握，只有两者兼顾我们才能够着实表现出实质上的精神之美，切忌单单在形式上故作高深，这也是武术中的“神美”和其他运动形式中“神美”的最大区别。

武术之中的“神美”能够表现出中华民族五千年的文明历史和文化底蕴，进而体现出中国在各个层面的发展势头。

武术中的一拳一脚、一招一式，无不以“神”相配合。形是神生存的物质基础，神是形的统帅和灵魂，形出而神来。在武术套路中，神随形转，形随意动，存在于含而不露、神态舒展之中，体现出气魄来，使整个套路协调而富有生气。

武术不但要能够从动作上去模仿无论是动物还是自然中的静止的事物的形态，而且还能够通过练习者的眼睛传达出一种威武、刚进、含蓄的眼神，给人一种深不可测的感觉，从而给练习者和观赏者通过心理体验去悟能及义。

三、德美：尚武崇德，以德服人

武以德立，武术从一开始就将自己与道德紧密地联系在一起。正因如此，在武术蔚为大观的同时，武德也自成系统。武德不仅是约束习武者的规范，更是武者对社会的承诺。基于此，武术始终在其技击的身影背后有着一副儒雅的面孔。这也使得武德之美超越了武术自身，而成为武术的灵魂。

所谓武德就是指习武学艺之人所应遵守的最基本的行为准则和规范要求，也就是习武者的道德，它包括礼节、人品、作风和习武的学风等方面；如服从国家、注重节气、秉公仗义、不畏强暴、遵守公德、做文明公民，而且要以高尚的理想情操要求和约束自己不以势欺人、不以艺压人、舍己为人等。

第四节　体育与艺术的诸多形式

体育和艺术的结合在很早之前就已经出现了，它有效地集合了健、力、美、技、艺于一体，高水平的比赛不仅仅是简单的一场比赛，而且还是一种艺术的表现，完美的动作能够给人一种艺术上的享受。

世界上任何一项体育运动，在创立的时候都是作者思想性和艺术性的高度统一，把体育动作和音乐、舞蹈等相互结合，这样一种艺术表现形式无疑是非常合理的，不仅仅能够达到体育强身健体的目的，而且还能够产生强烈的美感，进而形成一个统一的艺术整体。

一、体育与雕塑

体育锻炼对塑造人的形体与健康的身体起着决定性作用。没有体育锻炼，优雅与美就无从谈起，艺术更是遥不可及的梦想。

用进废退的原则不仅适用于生理机能，也适用于生物体的进化。体育就是促进人类灵魂走向艺术殿堂的动力。

只有健壮能赋予人的线条以优美，能够创造出人体的艺术，因此体育与美、艺术不可分离。富于青春活力的美之所以能给人们以艺术的享受，就是因为体育创造出的这种活力。我们不得而知，当人们缺乏运动锻炼的时候，随之而来的就是身体的肥胖臃肿，肌肉松弛甚至还会影响到健康的状况。

有一种艺术形式将人的动作美表现得淋漓尽致，那就是雕塑，它把人动作美的瞬间时态定格成永恒，并艺术性地升华。断臂维纳斯纳婀娜的体态与柔和的目光；罗丹的思想者那一脸的深邃，智慧与充满力量感的肌肉。由于被赋予人的形体美与风度美，这一堆泥胎身上便焕发出艺术的夺目光彩。

坡力克利特生活在公元前5世纪后半期，是阿戈斯的雕塑家，与菲狄亚斯同时代。在艺术追求上，他自成一派，获得了希腊人的认同，被称为阿戈斯派雕塑家。

坡力克利特第一个发现了人体比例。他认为人体比例要依靠“数”的关系。人体最理想的比例为1∶7。坡力克利特对人体比例结构的探索，意味着古希腊的雕塑艺术发展到了成熟阶段。

他还写成了《法则》一书，专门讨论人体比例，可惜这本书已经失传了。坡力克利特最有代表性的两件作品是《束发运动员》和《持矛者》。遗憾的是，这两件作品都失传了，现在只能看到大理石复制品。

这两件作品完全根据人体比例创造，他们体格健壮、肌肉发达、身体的重心都落在右脚上，为适应平和中心，人体各部分的动作与肌肉也做了相应的调整，表现出运动中的力量美。坡力克利特的创作和理论，为希腊以及以后的雕塑提供了一种美的范式，为后世的艺术家效法和取用。

当我们说到雕塑的时候，相信很多人都是会联想到在世界雕塑史上都占有重要地位的“维纳斯”，该雕塑从面部表情来看，脸上露出了一丝淡淡的微笑，这种微笑很容易就能看出是一种似笑非笑的含蓄内敛的笑容，给人一种超凡脱俗的感觉。

她的躯干和多重衣服褶皱的对比，更是产生了一种很微妙的流动的韵律，使他的姿态庄严而崇高，典雅而优美。她的腿部被富有表现力的衣服遮盖住，露出了精心雕刻的脚趾，但从雕塑的下半身来看有种厚重、稳定的感觉，使裸露的上半身更加的秀丽多姿。

这座雕像被发现已经有 100 多年了。因为雕像在运输过程中丢失两个手臂，于是它被称为“断臂的维纳斯”“断臂美神”。“断臂维纳斯”这个名字流传最广，而“米洛斯的阿佛洛狄特”这个维纳斯完整的称呼反而被遗忘了。

古希腊有相当多的雕塑，这些雕塑都有很高的艺术价值，《断臂维纳斯》只是其中的一座。但无可否认，这座维纳斯雕像是其中最著名的。现在它是罗浮宫的“镇馆之宝”，更是法国人的“国宝”。

二、体育与舞蹈

舞蹈是一种人体的艺术形式，最能够体现出人体的美。音乐用声音的形式来创造一种形象，文学用文字的形式来诠释一种新的形象，而舞蹈则是用人体自身的肢体语言来表达艺术之美，按照美的节奏和韵律，并且通过点、线之间的移动，制造出动静相宜的形态，给人一种美的享受。

（一）花样游泳

花样游泳是近几年才出现的一种体育领域的新形式，运动员在水中做出各种各样的动作，双腿在水面上摆出各种造型和图案，从而给人一种别样的审美感受，花样游泳把人体艺术的表现力推向了一个新的阶段。

（二）团体体操

团体体操把体操、舞蹈、音乐融为一体，以动作的准确性与艺术性构成艺术形象，充分体现了人体自然的协调与优美。团体体操一个重要的特点就是将高难度的动作整齐协调地组合起来，形成一个统一的整体，不仅能体现美感，而且还体现了一个团队高度的组织纪律性与团结一致的合作精神。

舞蹈和音乐这两种艺术形式在艺术体操的发展中起到了极其重要的作

用。音乐可以使人们的动作协调一致，增加了观赏性与艺术性，而舞蹈的动作可以使人们从这项运动中扩大视野，培养他们对各国艺术的兴趣，使他们举止优雅、得体，从而提高自身的艺术素养。

（三）艺术体操

艺术体操的动作丰富多彩，有转体、跳步、平衡等各种动作，是一种全身的运动。在音乐声中，少女们翩翩起舞，如出水芙蓉。艺术体操是一种在音乐伴奏下，结合舞蹈动作的徒手或持轻机械的体操。它以芭蕾舞的基本动作为基础，吸收了各国现代舞蹈与传统民间舞蹈的精华，逐渐发展成为一种别具一格的竞技性体操项目。

这些舞蹈动作能使从事这项运动的人扩大眼界，使她们了解民间的创作，培养她们对本国人民以及世界各国人民的艺术的爱好。舞蹈能促进人们动作的协调，培养她们的舞蹈感、节奏感，使她们举止潇洒、富有感情，并提高她们的运动素质等。

三、体育与音乐

众所周知，音乐有着强大的力量，有资料显示，在人们进行运动比赛的时候，音乐能够将人引入到一个艺术的境界，并且能够在运动场上改变人的心情和状态。音乐伴奏不仅能够为竞技比赛增添艺术效果，让体育和音乐节奏完美融合，而且还能够从侧面提高运动员的艺术表现力和运动成绩。

下面我们简单介绍一下音乐在各项体育运动中的一些作用。

（一）健美比赛

在进行健美比赛的时候，运动员根据音乐中所蕴含的音调和韵律，尽情舒展自己的身体，音乐赋予他们的不仅仅是比赛的竞争的美感，而且还有一种享受的感觉在立面，音乐和比赛相互融合与渗透，使得人的精神和肉体以及音乐三者融为一体，一个全新的“我”被塑造了出来。

（二）健美操

健美操是在音乐的伴奏下运动员做出各种不同的动作类型，把体操、音乐和舞蹈完美地融合在一起，然后进行演练。健美操集音乐、舞蹈、体操于一身，并且音乐的存在让健美操的境界更上一层楼。

音乐与健美操之间是一种鱼和水的关系，鱼代表着健美操，没有了音乐的存在，健美操也就没有了存在的意义，他们之间有着共同的节奏韵律，音乐是健美操的灵魂。音乐的强弱、音调的优美会使人产生一种艺术的联想；音乐为健美操注入了灵魂，并使内心的激动呐喊出来；音乐能激发练习者的情绪，使得健美操练习者在练习的过程中获得心情的愉悦。在音乐的伴奏下做动作才能培养运动员的节奏感和韵律感，是陶冶情操的大众健身方式。

（三）艺术体操

以发展正确的身体姿态，柔软性、艺术性和优美性为主，在音乐节拍下提高运动员以自然而松弛的全身动作与各种轻器械相结合，使人能更深刻领略到艺术体操的韵律感和美感。

音乐的形式逐渐成了体育中新鲜的元素，在古代的奥运会上，传令兵的吹奏以及笛手的演奏也被列为正式的比赛项目，当其他运动员在进行跳远和跑步比赛的同时，他们通常会伴奏助兴，后来，人们为了纪念这些音乐家为体育比赛所做的贡献，他们甚至为笛手比赛的冠军塑像。

有些专门为体育运动所创造的音乐，如《运动员进行曲》经过多年的演绎，依然在体育运动中传承，并且还被运用到诸多的非体育性质的公布公共场合中，我们不得而知，音乐能够对运动员的成绩起到良好的促进效果。

在人们进行运动训练的同时，播放优美的音乐，能够最大限度地减少运动员的单调和枯燥的感觉，让运动员的大脑皮层始终处于一种亢奋的状态，同时能够激发运动员的潜力和动作的协调性、节奏性，进而提高运动员的体育成绩。

古乐《十面埋伏》，从中我们可以听到万马齐鸣、刀光剑影的古战场形象，那战争的号角，足以激励起我们的激情，恨不得马上投入到与敌厮杀的战场，着实催人振奋。

音乐是声音的一种艺术形式，声音通过自己独有的系统和完整的表达方式诠释完整的艺术形式的魅力。

四、体育与绘画

体育与绘画设计的结合，主要是从体育场馆中体现出来的。体育场馆因设计的提高而逐步满足人们参看的需要，而设计也因为有了体育场馆而不断地改进创新，有了飞跃的发展。从第一届奥运会极其简单的设计到第四届终于有了一个专门为奥运会而设计的场馆，但建筑设计师们虽然考虑了前人的经验，但他们单纯从体育场地的角度出发。

随着一届又一届奥运会的举行，可以说体育场馆设计每届都有提高，给观众好的视觉效果，使观众能在最短的时间内全部撤离，以保证意外发生时观众的安全。

这样的目标是很难达到的，但建筑设计师们在努力，所以体育场馆也越来越接近目标，这其中正是体育与艺术的结合，像北京奥运决定采用的鸟巢等几个方案，让人们真切地感受了体育与艺术结合带来的美的视觉感受。

其实，体育和绘画之间的结合不单单是体现在体育场馆中，在奥林匹克的旗帜、奥运会会标的宣传画中都会有所体现。在五环的设计形象中就很好地体现了这一原则，五环的设计象征着五个州的团结和全世界运动员以一种坦率的比赛和友好的精神在奥运会相见。基本上每届奥运会都会出现一种会徽，其中会徽的设计中一般都会出现五环相互交织的标志。

每届宣传画会有很多，其中更体现出了体育与绘画的结合。体育与绘画的结合渗透到了体育运动中的点点滴滴，体育与艺术将结合得更完美。

总的说来，体育与艺术之间的结合，使艺术逐渐走向体育的领域，同时也使体育走向了艺术的领域。现代体育的艺术化倾向还集中表现在冰上（花样滑冰和冰上舞蹈）、水上（花样游泳）和地毯上（艺术体操和部分竞技体操），尤其是这些项目还多为女性运动员，还是远远不够的。

或许有些人会对体育的发展方向有所担忧，随着体育艺术化的进程越来越快，会不会在一定程度上降低体育的竞争性，失去体育原有的竞争之美。但是我们需要知道的是，体育的艺术化绝对不会向着与世界体育发展趋势相反的方向进行，现代竞技体育中的很多项目现在也在逐渐进行改良，人们对于审美的感受也会逐渐发生改变。

第五章　哲学与体育人文社会学

体育哲学是运用哲学方法探究体育的本质及价值的一门学科。体育哲学以体育的根本问题为研究对象，以演绎法、归纳法、唯物辩证法和范畴论作为主要研究方法，在注重体育基础理论研究的同时，十分关注国内外体育实践中的重大理论问题，具有理论性、批判性、前瞻性和应用性的学科特点。体育哲学是一个基础研究与应用研究相结合的综合性研究领域，从其学科所属来讲，体育哲学属于体育人文学科之中。从其学科地位来讲，体育哲学在体育学的诸学科中居指导性地位。

第一节　体育哲学综述

一、中外体育哲学的发展状况

体育哲学是随着体育原理的不断发展而出现的一门新型学科。虽然在20世纪50年代的初期，有部分体育学者就已经使用过体育哲学的概念，但是国际上关于体育哲学的系统探讨却在20世纪60年代的初期就已经开始了。四十多年以来，体育哲学有了很大的发展和进步，已经成为一门相对独立的学科。

我国体育学者早在20世纪30年代就已经使用过体育哲学的概念，但是当时并没有对体育哲学进行系统的研究，新中国成立之后，体育哲学没有得到足够的重视。

20世纪80年代的初期，改革开放、解放思想的春风催生了我们国家对体育哲学的研究，促进了体育哲学在我们国家的发展。

（一）欧美国家的体育哲学

最早的体育哲学研究起源于欧美。在19世纪末期和20世纪的初期，已经有不少的西方学者开始了有关体育哲学方面的研究，并且出版了一些著作。然而，早期的体育哲学研究与运动心理学、体育社会学、美学等是结合在一起的，体育哲学的本身并没有形成一个相对独立的理论体系。

到20世纪60年代初，体育哲学在欧美开始兴起，大批的学术和专著陆续的问世，在这个时期影响较大的著作是美国的学者齐格勒著作的《体育哲学》，他在阐述几个主要哲学流派观点的基础上，着重的分析了这些哲学流派在体育、保健和娱乐中的不同的表现和作用，并且综合了政治、行政管理、职业教育和民族主义等问题，对体育哲学进行了深入的探讨。

1969年美国学者威斯出版了《竞技运动的哲学思考》一书。该书从哲学的角度论述了竞技运动的本质、价值，阐述了竞技运动、游戏、比赛的联系与区别。他的著作对国际体育哲学产生了很大影响，以此为契机1972年成立了国际体育哲学学会，创刊了“体育哲学期刊（J. P. S）”，也同时决定每两年召开一次体育哲学国际学会，威斯当选第一届会长。

1973年奥斯特霍茨编著了《体育哲学》论文集，收录了美国、加拿大学者的26篇学术论文，从本体论、伦理学和美学三个视角讨论了竞技运动和体育诸问题。

1977年美国学者齐格勒出版了第二部著作《体育、竞技运动的哲学》，全书共分10章，对体育和竞技运动概念以及许多现实问题进行了论述。

1978年美国学者韦伯斯特出版了《体育哲学的原理与展开》一书，对体育哲学的内容、体育的目的、价值等问题进行了探究。

1979年德国学者莱恩克出版了《体育的社会哲学》，书中从哲学的角度对竞技运动中的异化现象以及现代奥林匹克中的一些现实问题进行了分析。

1983年美国学者托马斯出版了《体育哲学》，全书共分10章，从形而上学、认识论、美学、伦理学等方面系统地探讨了体育和竞技运动的内涵，并对游戏、竞争、自我意识等问题进行了深入细致的分析。

1988年摩根和梅尔共同编著了名为《竞技运动的哲学探究》的论文集，从竞技运动、游戏和比赛的本质，竞技运动与现实化，竞技运动、游戏与形而上学，竞技运动与伦理，竞技运动与社会政治哲学，竞技运动与美学等六个方面系统地论述了竞技运动。

1989 年美国学者齐格勒出版了第三部著作《体育、竞技运动哲学导论》，从哲学背景、专业应用和概括总结三个方面解释说明了体育和竞技运动哲学中的一系列理论和实践问题。

1994 年美国学者克雷特什玛出版了《竞技运动的实践哲学》一书，共三个部分 11 章，从实践哲学的视角对体育哲学中的身体问题、价值问题、人的问题等进行了论述。

经过了体育学者们40 多年的努力，体育哲学在欧美各国已经形成了比较完整的理论体系，发展成为一门独立的学科。

（二）日本的体育哲学

日本学者对于体育哲学的研究最早始于 20 世纪 50 年代，但是这时的体育哲学研究只是作为体育原理或者体育原论的部分内容，并没有形成完整的知识体系。真正对体育系哲学形成系统研究的时间是在 20 世纪 60 年代的初期，其中最有影响力的著作是阿部忍的《体育哲学》阿部忍在书中从对象论、内容论和方法论等几个方面对体育哲学进行了系统的论述，明确指出了体育哲学在体育学中的重要地位。同一时期，日本学者浅井浅一和川村英男等合著了《体育哲学》，对体育与文化、体育与艺术、体育与人类、体育与教育、体育与社会、体育与科学等问题进行了探讨。

20 世纪 70 年代中期，日本学者开始把齐格勒、韦伯斯特、威斯、托马斯等美国学者的体育哲学著作翻译成日语，促进了日本体育哲学研究的进一步发展。

1984 年阿部忍出版了第二部著作《体育的哲学探求》。这本书在对第一部体育哲学著作补足完善的基础上，对身心问题、人本问题、异化问题等体育中的现实问题进行了研究。

1993 年日本学者佐藤臣彦出版了《身体教育的哲学——体育哲学叙说》。与以往的体育哲学不同，佐藤臣彦以教育作为切入点探讨了体育的本质，并把哲学范畴作为体育哲学的主要研究方法。目前，日本的一些大学的体育院系开设了体育哲学课程，有些大学把体育哲学列为博士课程的必修课程。

（三）我国的体育哲学

我国的体育学者早在 20 世纪 30 年代就使用过体育哲学的概念，在

《体育原理》中涉及了体育哲学的问题，但是，真正的属于中国的体育哲学的起步是在20世纪80年代初期，到现在大概经历了三个阶段。

1. 第一阶段——起步时期

1980年到1985年是我国的体育哲学起步期，1981年6月，在沈阳体育学院召开了全国体育院校首届体育辩证法学术讨论会。学者们充分肯定了体育哲学在体育学科中的重要地位及意义，揭开了我国体育哲学研究的序幕，在体育理论界引起了很大反响。

1982年8月，西安体育学院主办了第二届体育辩证法学术研讨会。学者们广泛深入地讨论了体育哲学的理论体系、研究对象、研究内容等，并把体育辩证法正式更名为体育哲学。

1983年，北京市体委科研所主办了体育哲学座谈会，主要讨论了体育科学化的问题。

1984年8月，在福建省泉州市举行了来自全国12个省市、33个单位参加的体育哲学、体育经济学讨论会。会议讨论了在新形势下的体育发展、体育的科学化和体育哲学的任务等问题。参加这次会议的还有来自教育界、科技界、文化界和哲学界的学者，初步形成了多学科、多角度共同探讨体育哲学的学术氛围。

1985年8月，在福建省永安市召开了以“体育科技发展战略的哲学思考”为主题的学术研讨会，着重讨论了体育与经济、科技的问题。同年8月，体育哲学的学术活动被正式纳入中国体育科学学会的领导之下。

起步阶段的主要特征：中国体育哲学的学科，从无到有，通过一系列的学术活动来进一步加强学术交流，扩大社会的影响力，体育哲学学组也被正式地纳入到中国体育科学学会之中。

2. 第二阶段——快速发展期

1986年至1995年是我国的体育哲学快速发展的时期，在1986年以后，体育哲学学组每年都会进行一次或者一次以上的学术活动，并将主要的精力放在体育哲学的理论研究上。学者们逐渐地开始探讨体育哲学的学科性质、研究对象、研究方法以及体育的本质和功能等问题，并且也新出版了很多学术专著和学术论文，有效地促进了我国体育学哲学的快速发展。

1985年底，北京体育学院、上海体育学院、天津体育学院、沈阳体育学院、西安体育学院等13所体育院校开设了体育哲学课，对体育哲学在我国高等院校的发展发挥了重要作用。体育哲学学组还以北京亚运会科学论文报告会为契机，加强国际学术交流。

1990年9月在北京香山举行了体育哲学论文报告会，邀请了美国、日本、德国、加拿大等国的学者出席大会。

体育哲学在我国快速发展的主要特征是：学者们开始注重体育哲学的基本理论研究，并且取得了不错的成果，而且还把体育哲学纳入到体育院校的课程中去，同时有效地加强了国际学术之间的交流，使得我国的体育哲学不断地走向世界。

3. 第三阶段——缓慢发展期

中国体育哲学发展缓慢的主要表现如下：

（1）1995年9月体育哲学学组换届以后，体育哲学学组的学术活动几乎停止。

（2）体育哲学的研究氛围淡化。

（3）体育哲学的研究成果减少。

我们可以清楚地发现，造成这种现象的原因大概有两种：

（1）内部原因

我们国家的体育哲学在当时的社会环境下还没有形成比较完整的学科体系，与当时我们国家所面临的实际生活中的现实问题没有能够很好地结合在一起，并且体育哲学的基础理论相对薄弱，没有足够的积累。

（2）外部原因

在市场经济条件下，我国的体育理论界存有一种很不好的现象，这种现象就是轻基础性研究，重应用性研究、轻人文社科研究，重自然科学研究的实用主义倾向。

然而，体育哲学作为一门新兴学科，具有很强的生命力，尤其是近年来，国家已经高度重视发展哲学社会科学，这为体育哲学的研究创造了良好的外部条件。

二、体育哲学的含义

体育作为一种独特的社会文化现象伴随着人类的社会活动经历了漫长的历史。新中国成立以后，我国的体育事业飞速发展，参加体育活动，增强体质，促进健康已经成为人们日常生活的重要内容。同时，我国的高水平竞技运动不断创造辉煌，已位居国际体坛前列，成为亚洲体坛霸主。随着我国经济的腾飞，人均收入和余暇的增加，现代社会对体育的需求也越来越高，体育在现代社会中的作用也就显得越来越重要。

尽管体育已经达到了今天这样无人不知的程度，但是当被问到“什么是体育”时，人们却感到有些茫然，不知如何回答是好：这并不奇怪。因为人们在日常生活中看到的只是体育现象，对体育的认识也还只是停留在感性认识水平上，而“什么是体育”却是一个理性问题，回答这一问题，需要抓住体育的本质，而体育的本质正是体育哲学要研究的基本问题之一。

提到体育哲学，很多人会很好奇地问道，体育还有哲学吗？我们从这个现象就能够感觉到人们对体育的理解还存在一定的偏差，在日常生活中人们认为体育就是各种各样的运动和比赛。一提到体育，人们很容易就能够联想到运动场上的运动员们矫健的身姿和强壮的体魄，甚至会联想到他们为比赛做的所有的准备训练。同时，人们还是会固执地认为体育就是比谁跑得快、跳得高、投得远，体育仅仅是需要身体素质好就可以了，并没有太多的文化知识，这就是很多年以来，人们给体育戴上了一顶“头脑简单，四肢发达”的帽子。

与此相比，在人们的印象中，哲学是一门非常深奥的学问。每当人们提到哲学的时候都会有一种肃然起敬的感觉，人们很自然地就会联想到哲学家们在各类的学术会议上辩论的场景，在幽静的小路上，伴着微风细雨思考人生的面孔。一方面是龙腾虎跃的体育，一方面是深沉静思的哲学，一动一静，有很大的反差，所以也难怪人们不会把体育和哲学这两个天壤之别的领域结合在一起。所以，当人们听到体育哲学的时候，不免有好奇的感觉，这也说明很有必要弄明白体育哲学的含义，解答人们实践中遇到的困惑。

（一）中、日、美体育哲学中的观点

1. 美国体育学者对于体育哲学的观点

美国学者齐格勒在20世纪60年代初就指出了把哲学理论导入体育、保健和娱乐教育的重要性，他认为，“科学可以记述体育的现象，而哲学则能帮助我们探讨体育的本质”。

他在《体育和竞技运动哲学》中指出："要从根本上理解体育和全教育的状况，就必须注重其哲学基础的研究。"关于体育哲学的学科位置，齐格勒认为，体育哲学是全哲学领域分支的教育哲学的分支，体育哲学是哲学和教育哲学在体育领域中的应用。也就是说，哲学的研究对象是社会生活的全领域，教育哲学是教育原理与哲学关系的研究，而体育哲学又是教育哲学在体育中的应用。

美国学者韦伯斯特也认为体育哲学是教育哲学的一部分。他主张教育和体育的最终目的是一样的，都是培养最有能力的市民，只是两者实现这一目的的途径不同。体育是通过身体活动，而教育的其他方面则是通过精神活动。因此，韦伯斯特说："从这个意义上来说，体育哲学与教育哲学没有什么不同之处。"关于体育哲学的主要内容，韦伯斯特认为，体育哲学由三方面的内容构成，一是关于一般哲学的研究，二是关于体育的本质、目的和体育各种学说的研究，三是关于体育相关学科成果的研究。

2. 日本体育学者对体育哲学的观点

早在20世纪50年代初，日本学者前川峰雄就在《体育学原论》中论及了体育哲学。他首先指出了构成体育学的四大基础，即医学基础、教育学基础、心理学基础、社会学基础，并由这四大基础学科构成了众多的体育学科。在此基础上．他说："这些科学即使能够解释说明体育现实的某个特殊领域，但能否说明体育现实的全领域和整体结构，能否说明体育的本质，是 个重大问题。

我们的结论是这些特殊科学不可能作为说明体育全领域和整体结构的基础。"他认为，体育的各种特殊科学只能解释说明那一领域的问题，但并不能从根本上揭示体育的本质。"虽然过去我们从各个方面对体育的整体基础进行了多种探讨，结果还是没有找到体育哲学。这是因为我们缺乏把握体育现实整体的统一基础理论。"很明显，前川峰雄在这里指出的作为体育的"统一基础理论"就是体育哲学。前川峰雄认为，体育哲学应当包含两方面的内容。一方面是把人作为一个整体，包括精神哲学和身体哲学在内的"人学"；另一方面是体育与社会的关系，即体育在社会中的地位、作用、功能等的"社会学"。

日本著名的体育学者阿部忍对体育哲学的定义中阐明了两个关键问

题。第一，体育哲学的主要研究对象是体育的本质。也就是说，体育哲学归根结底要回答的问题是“什么是体育”。第二，体育哲学的研究方法应当区别于社会学、心理学、生理学、解剖学等学科的方法，主要采用哲学的方法。他认为，体育哲学中的三个主要方法是演绎法、归纳法和辩证法。

关于体育哲学的含义，日本佐藤臣彦指出：“体育哲学是以体育为对象，并用哲学的方法对其进行研究的学术领域。如果用一句话来说，体育哲学就是对体育进行哲学研究的领域。”关于体育哲学的学科地位，佐藤认为，体育哲学应当是与自然哲学、社会哲学、文化哲学、宗教哲学、教育哲学等学科相并列的哲学的一个领域。关于体育哲学的研究领域，佐藤认为，体育哲学中包括两个研究领域。一个是对体育现状的批判；另一个是构建体育的原理论。对于体育哲学的构成来说，这两个研究领域是缺一不可的，关于体育哲学的研究方法，佐藤认为，为了达到体育哲学的研究目的，必须首先确立一个大家认可的、具有客观性的方法，这个方法就是哲学范畴。

3. 我国体育学者对体育哲学的观点

我国体育学者龙天启在《体育哲学基础》中对体育哲学的含义、研究对象以及在体育科学中的地位进行了探讨。她认为，“体育哲学是以辩证唯物主义观点研究体育实践和体育科学发展的矛盾运动的普遍性规律以及有关体育运动的认识论与方法论问题的学科。”她主张，体育哲学是哲学和体育相结合而形成的一门新兴学科，在我国是马克思主义哲学在体育当中的应用，是用辩证唯物主义的观点对体育的理论和实践问题进行哲学探讨和科学解释的一门基础理论科学。她认为，体育哲学的研究对象应当包含三部分：

（1）体育运动实践活动中的带根本性的问题。

（2）体育科学技术和各种体育思想、观点、学说及形成的知识形态等。

（3）人们对体育的认识活动、过程和体育科学研究的方法论。

关于体育哲学在体育科学体系中的地位，她认为，体育哲学处于体育科学体系的最高层次，居指导性地位。

惠蜀认为，体育哲学是研究体育中“最一般的带根本性的问题”。这些问题是体育中存在的一些最基本的关系。如，体育活动中的主体与客体之间的关系；体育与社会、自然与人的关系；体育中的各种价值关系以及这些关系在认识上的反映。他认为体育哲学的研究方法是辩证唯物主义和历史唯物主义。关于体育哲学的学科性质，惠蜀的主张不同于一般的哲学学者，更不是教育哲学的分支，而是哲学与体育的交叉学科，是哲学和体育相互嫁接的产物。

（二）中、日、美体育哲学的差异

美国、日本和我国的体育哲学之间的观点存在明显的差异。美国的学者把体育哲学看作是哲学在教育哲学领域内的一个小小的分支，是哲学在体育学领域里面的应用，因此，美国的体育哲学更加侧重于哲学思想的研究，并且着重分析各种哲学流派在体育实践中的反映。日本体育学者认为体育哲学是与教育哲学、文化哲学等相互并列的一个领域，主张体育哲学主要是揭示体育本质这一体育最根本的问题。我国体育学者认为，体育哲学并不属于教育哲学的领域，和一般的哲学也有不同的地方，体育哲学是体育和哲学两者相互交叉的一门学科，属于应用学科。另外，美国和日本的体育学者把体育和竞技运动两个概念区分开来，但是我们国家的体育哲学则是要把两者都作为体育的领域。

因此，我国体育哲学的研究对象对其他两个国家体育哲学的研究对象，虽然各种观点之间存在一定的差异，但是这个观点有一个共通之处，那就是体育哲学是研究体育的最根本问题的一个领域。

（三）体育哲学的定义

体育哲学是运用哲学的方法来探究体育的本质和价值的一门学科，体育哲学的定义明确地表现了体育哲学的内涵，也就反映了体育哲学的外延。从体育哲学的概念上来看，体育哲学不仅包括体育的本质、身心关系、体育的价值等基础理论研究，同时还包括了体育实践活动中的各种实际问题等的应用研究。只是强调体育哲学的基础理论研究，忽视了应用的研究，或者仅仅把体育哲学定位在应用研究的领域，忽略了理论的研究，这两种做法都是不妥的，体育哲学是一个基础理论研究与实际应用研究相互结合的综合性研究领域。

三、体育哲学的研究对象、内容和方法

我们知道，任何一门学科的存在都离不开三种必不可少的条件，这三种条件就是研究对象、研究方法和研究内容，离开了这三种条件就不可能称之为一门学科。体育哲学既然是一门学科，那么我们就必须来研究和明确体育哲学的研究对象、研究方法和知识体系。

（一）研究对象

体育哲学的定义反映了体育哲学的研究对象，就是体育的本质和价值。本质是事物本身固有的决定事物性质的根本属性。体育的本质也就是体育本身固有的决定这一事物性质的根本属性。价值一般是指满足主体欲望的有用性。因此，体育的价值主要就表现在对于个人和社会发展的作用。

（二）研究内容

体育哲学的研究内容主要分为两大研究领域。一个是体育哲学的基础理论研究；另一个是体育哲学的现实问题研究，即应用研究。从体育哲学学科的整体来讲，它是一门包含基础研究和应用研究的综合性研究学科。

1. 体育哲学的基础理论研究

体育哲学的基础理论研究是构成体育哲学学科知识体系的重要内容，具有相对的稳定性。在我国，长期以来，在一些体育的根本问题上众说纷纭，莫衷一是，至今没有达成共识，需要进一步深入探讨，并通过探讨不断丰富体育哲学的理论体系。体育哲学的基本理论问题主要包括体育的本质、体育与教育、体育与身体活动、体育的目的、体育的目标、体育的功能和体育与竞技运动等几个方面。

2. 体育哲学的现实问题研究

体育哲学的现实问题研究领域，就其广度来说，凡是对体育实践中的现实问题进行哲学反思的内容都可以包含在体育哲学之中，因为这些内容都可以从不同角度和侧面反映体育的本质和价值。就其深度来说，同任何科学研究一样，对体育的本质及其价值的认识永远不会停留在同一个水平，随着社会的进步和科学技术的发展，人们对体育的认识必然会不断深化，客观上要求我们不断地发现新问题，反思新问题，前瞻新问题。因

此，体育哲学的现实问题研究具有多样性、多变性、发展性和前瞻性的特点，不可能确定其固定不变的研究内容，恰恰这些特点为体育哲学的研究提供了广阔的前景。

（三）研究方法

体育哲学是哲学的一个分支，但是又置身于体育学中，体育哲学有它自己特定的研究对象、研究内容和研究方法。哲学是关于自然、社会和人类思维最一般规律的科学。那么，从这个意义上来说，哲学的研究对象是包括人类在内的整个世界，是研究世界观的一门学科。体育哲学是通过研究体育的各种现象，认识体育的本质和价值，探索体育本身的发展规律。从根本上来讲，体育哲学是对体育进行的哲学研究，并不是从体育中找寻出个别的案例对哲学进行实用性的解释和说明，更不是运用哲学中的各种理论和观点到体育领域中寻找相对应的应用。

因此体育哲学的研究不仅需要以哲学的原理作为方法论，又必须以体育作为研究对象，两者缺一不可。不以哲学原理作为方法，就不可能在各种错综复杂的体育现象中准确地把握体育的本质和价值，就不可能对体育的各种现象给以客观、妥当、理性的说明。

同样，不以体育现象为对象，哲学原理只能束之高阁，空洞无味，不能在探究体育本质和价值中发挥其认识论和方法论的作用。不同于自然科学和人文社会科学的其他学科，体育哲学是一个运用哲学的方法对体育进行研究的学术领域。研究方法的正确与否直接关系到能否准确地把握体育的本质和价值，关系到体育哲学学科的发展。

众所周知，从古希腊哲学到现代哲学，在漫长的哲学史中涌现出了众多著名的哲学家，他们在对真理追求的过程中形成了多种思想流派，如自然主义、实存主义、唯物主义、唯心主义、经验主义、现象学等等。这些哲学流派在对世界的起源、物质与精神、存在与发展、知识的获得、人生价值以及道德理念等方面都有其独到的见解。我们不应当采取否定一切的态度来对待这些哲学观点，正是由于不同哲学观点的存在及相互批判、相互继承，才促进了哲学的发展，使得人们能够更加深刻、全面、科学地认识世界和人类自身。

马克思主义的创始人建立的辩证唯物主义和历史唯物主义，正是批判性地接受和继承了费尔巴哈的唯物论和黑格尔哲学的辩证法这两个核心内容之后才能够完成自己的创建。我们认为，虽然马克思主义需要不断地完善和发展，但是马克思主义的基本原理是永远也不会过时的，它至今仍然保留着其他哲学流派不可比拟的生命力，这为我们今天认识和改造世界提供了科学的方法论和认识论，也是体育哲学研究的指导思想和理论基础。所以，我们在进行体育哲学研究、坚持马克思主义哲学作为方法论的同时，也应当吸收各种哲学流派的合理部分以及哲学流派的哲学方法，用来保证研究方法的客观性和妥当性。

体育哲学的研究方法主要有以下几种：

1. 演绎法

演绎法是人们思维过程中推理的形式之一，也被称作演绎推理。所谓的推理是指根据一个或者一些判断得出另一个判断的思维过程。判断就是对事物情况有所肯定或有所否定的思维形态。演绎推理是由一般向个别的推理方法。这里我们需要注意的是，当我们用演绎法对某一事物进行分析的时候，不仅仅只是推理，在推理的同时我们也可以进行演绎性分析。也就是说，对某一概念的分析不应该只是简单的停留在定义的水平上，还应当对它的概念所表述的内容进行演绎性论证。

同样，我们在对体育的本质进行研究的时候也不应该只是停留在对体育的定义这种水平上，应当以体育的定义为起点，对其进行演绎性的论证，从而正确地把握体育的本质和价值。

2. 归纳法

与演绎法相反，所谓的归纳法是从各个特殊的事实中得出一般普遍性的结论和推理。伟大的科学家亚里士多德曾经说过：“我们除了用归纳意外不可能知道普遍，这是因为通过抽象思维所得到的概念只能依靠归纳。”就像有经验的舵手能够把握好船的方向，有经验的司机能够把车开好，有经验的飞行员能够安全的驾驶飞机。所以，一切有经验的人都能够干好自己的工作。归纳法在分析体育现象中是一种非常有效的哲学方法，特别是先要进行理论研究再进行综合研究时，会经常用到这样的方法。

虽然演绎法和归纳法其推理的形式和方向不同，但是两者在我们的学术研究中都起着重要作用。双方不是相互对立的，而是相互联系、互为前提的。

被称之为近代哲学始祖、归纳法确立者的英国哲学家弗兰西斯·培根也没有完全排除演绎法在认识过程中的作用。培根主张演绎法是“论证的论理”，归纳法是“发现的论理”，两者的有机结合才是真正哲学。关于这一点，他有一段精彩的论述，他说：“实验的人像蚂蚁一样，他们只会把东西收集起来使用。推理的人像蜘蛛一样，他们只是从自己腹中向外吐丝。然而，蜜蜂却取中道，它不仅从庭院及野花那里收集材料，而且还通过自身的力量将其消化。这正是哲学的真正任务。”很明显，培根在这里所说的像蚂蚁一样的收集是指归纳法，像蜘蛛一样的吐丝是指演绎法，而两者的有机结合才是真正的哲学，因此，我们在认识分析某一事物的时候，要将两者有机地结合起来，这样才能收到好的效果。

3. 唯物辩证法

众所周知，马克思和恩格斯在批判地继承费尔巴哈的唯物论和黑格尔的辩证法的基础上创立了唯物辩证法。唯物辩证法是关于自然、人类社会、思维最一般的运动法则和发展法则的科学。其基本含义是：世界始于物质，物质是运动的，是相互关联和不断发展变化的。

马克思认为，物质是第一性而精神是第二性的，人的观念、表象、意识都是在人们的物质生活中产生的。马克思和恩格斯在《德意志意识形态》中公开宣布他们的哲学与德意志观念论的区别，“德国哲学从天上降到地上；和它完全相反，这里我们是从地上升到天上，就是说，我们不是从人们所说的、所想象的、所设想的东西出发，也不是从只存在于口头上所说的、设想出来的人出发，去理解真正的人。”

这些论述反映了马克思主义哲学的唯物主义思想。同时，马克思主义还认为，物质是运动的不是静止的，物质运动的原动力不是别的正是物质内部的矛盾。矛盾的双方既对立又同一，相互关联地处于一个统一体之中。由于这种物质内部的矛盾运动，使事物从低级向高级，从量变向质变不断地发展变化。恩格斯在《自然辩证法》中概括总结了唯物辩证法中的三条最基本的规律，即量变质变规律、对立统一规律和否定之否定规律。唯物辩证法是体育哲学的重要研究方法之一。

4. 范畴论

在哲学中的范畴是指最根本最一般的基本概念，是“人们对客观事物的本质和关系的概括”。它不同于日常生活中的概念，也不同于各个研究领域中的概念。

哲学范畴具有普遍性，是我们研究问题和分析问题的有效工具。亚里士多德首先将范畴进行术语话，他把认识对象的术语进行了最高分类，提出了十大范畴，这十大范畴是实体、量、质、关系、场所、时间、能动、被动、状况、样态。德国哲学家康德又进一步发展了亚里士多德的范畴理论，提出了四大范畴，每个大范畴里面又各自包含三个子范畴，一共是十二个范畴：

（1）量的范畴（统一性、多样性、全体性）

（2）质的范畴（实在性、否定性、限制性）

（3）关系的范畴（实体性与依附性、原因与结果、能动性与被动性）

（4）样态（可能性与不可能性、存在性与非存在性、必然性与偶然性）

康德认为哲学范畴是纯粹悟性概念，是先天固有的，所谓的悟性，指的是人们把感知对象构建成概念的一种能力，人们可以通过这些范畴去认识现实世界中的各种现象。辩证唯物主义同样重视哲学范畴在认识中的作用。

辩证唯物主义不同于唯心主义，不认为范畴是先天存在的，也不是纯粹思维的结果，而是人们在改造自然的实践过程中对各种现象之间关系的概括。马克思主义哲学中有着诸多丰富的范畴，如，唯物辩证法的基本规律中包含的质、量、矛盾、否定以及内容和形式、偶然性和必然性、可能性和现实性、原因和结果、一般和个别、现象和本质等等。这些哲学范畴对于我们正确地认识体育现象，把握体育的本质和价值，有着十分重要的意义。

以上我们简单地介绍了体育哲学中几种主要的研究方法，但是我们需要特别注意的是，形式逻辑推理着眼于其推理的妥当性，并不是推理内容的真理性。换句话来说，逻辑推理的妥当并不能保证推理内容的准确性。所以，我们必须要知道逻辑学是关于正确推理学问，并不是关于真理的学问。马克思主义的唯物辩证法是我们认识自然、社会和思维最一般规律的科学。

唯物辩证法的基本法则客观地揭示了事物运动和发展变化的规律，唯物辩证法的诸范畴不仅丰富了唯物辩证法，而且为我们认识事物的本质、探求真理提供了方法论。然而，形式逻辑推理方法和唯物辩证法在认识事物中是相辅相成、缺一不可的。

没有正确的逻辑方法就会使我们在认识事物时失去条理性，就会妨碍我们对真理的探求。同样，没有唯物辩证法就不可能保证认识事物的正确性。因此，形式逻辑推理方法和唯物辩证法都是体育哲学必不可少的方法。

第二节　体育哲学与其他学科的关系

我们不难发现，国内外的体育著作中经常可以看到很多关于体育哲学的著作，但是这些著作虽然名字不尽相同，但是内容上却没有多大的差别，这种现象的出现给人们区分这些学科带来了一定的困难，甚至会让人误解这些学科本来就是一样的，只不过是名称不同而已。然而，确定一个学科的名称并不是随意就定下来的，学科名称的混乱会导致学术研究的混乱，因此，我们一定要弄清楚体育哲学与相关学科之间的区别与联系。

一、体育哲学与体育原理

（一）美国的体育原理

众所周知，20 世纪 30 年代以威廉姆斯等人为代表的美国体育原理在国际体育的理论界产生了很大的影响，威廉姆斯在《体育哲学》中的部分论述一直到今天仍然被不少的学者认可。所以我们就可以从威廉姆斯的《体育哲学》入手进行研究，探讨威廉姆斯的体育原理有助于明确体育原理和体育哲学的区别。

1. 威廉姆斯的观点

威廉姆斯在《体育原理》中首先对“原理”这一概念进行了论述，他说：“重要的是要记住‘原理’这一词具有真理的意思。原理的含义之一是，本来的实体、原因、根本的真理。”威廉姆斯认为有两种类型的原理，一种是由科学事实而形成的原理，另一种则是由哲学概念派生出来的原理。在论述科学原理时，他强调在体育器械练习中要把男生和女生区别对待等，并列举了生理学、解剖学、病理学、心理学、生物学、胎生学等科学知识在指导体育实践中的原理性作用。在论述哲学原理时，他十分重视体育活动的民主管理、大众参与、个性发展，主张所有的孩子们都应该经常适当地参加体育活动。总之，威廉姆斯既重视体育原理中的生物学基础，又重视体育原理中的哲学基础。他将上述的两种原理有机地导入体育原理之中，以此作为指导体育实践的原理。

2. 沙门的观点

美国著名体育学者在其著作《近代体育原理》中这样说道："我们所论述的原理是以近代的生理学、教育学、社会学等为理论基础的，运用这些基础的理论，我们完全可以创造出一个适应现代社会发展的体育计划。"我们很清楚地看到，沙门的体育原理很好地融合了现代科学的一些理论，并以此为依据，去制定切合实际的体育计划，指导体育实践的实施。

沙门在书中还讲了体育哲学在体育原理中的重要性，他说："生理学、社会学、心理学等领域为建立体育原理提供了很多有意义的指导。

但是，这些原理的解释和应用则依赖于对体育的教育学、哲学基础的理解。"在沙门看来，现代科学已经为体育原理的建立奠定了理论基础，而体育原理的应用和理解则离不开教育学和哲学基础。他认为，体育原理中的哲学基础主要有两个方面：一是自由平等；二是强调学习过程中学生的自律性活动。

由于美国的体育原理是集合了很多的科学成果而形成的，所以，缺乏自身独特的研究对象和研究方法，那么美国的体育原理也会随着科学成果的增加而增加，并随着科学内容的变化而变化，这种现象导致了美国体育原理显现的"膨胀性"和"变化性"两大特征。

（二）日本的体育原理

1. 川村英男的观点

川村英男早在20世纪60年代就把威廉姆斯的《体育原理》翻译成了日文，介绍给了日本体育理论界，他的体育原理在很大程度上受到了美国体育原理的影响。然而，他后来的一些观点却发生了较大变化。川村在《体育原理》一书中说："在体育活动中，为了适应运动者的身心状态，一定要下功夫选择运动的种类和方法，而那种下功夫选择运动种类和方法所依赖的基准就是体育的原理。简单地说，就是体育实践的指针。"

川村还认为，这种基准来源于两个方面的原理，一方面是自然科学的原理，另一方面是哲学原理，并强调"重视科学轻视或忽视哲学问题. 或者重视人性而非难科学都是不能赞同的。在体育领域中这两个方面必须同时考虑。"很明显，川村的观点受到威廉姆斯的"两种原理"的影响。

但是，随着战后日本社会政治、经济的不断发展和日本体育理论研究的不断深化，在体育原理的研究内容和研究重心上开始与美国体育原理趋于不同。这种不同点也明显地反映在川村英男体育原理之中。

川村指出，“战后受美国影响的我国体育和竞技运动随着经济的高度发展以及科学技术的发达反而却忘记了人自身。面对今天的体育和竞技运动我们应当考虑‘人的本质’这一问题。我们活着的人应当从自身的生命、生存这一根本问题出发来探讨体育。”

在这里，川村已经开始注意在体育原理中探讨体育的本质问题。正如前川峰雄所评论的那样，“川村的‘原理’主张‘考虑体育的基本问题’，只有用体育哲学的学科名称才合适。”

2. 前川峰雄的观点

前川峰雄在《体育学原论》中明确地指出了体育原理与体育原论的区别。前川首先把体育把握成是一种现实存在。他认为，正是由于对这一现实存在进行各种科学研究，才形成了诸如体育生理学、体育社会学、体育心理学、体育卫生学等学科。然而，对于体育的整体，这些学科都是对体育的某一侧面的研究，是体育的分科科学。

因此，“研究说明体育现象时所必需的原理是体育分科科学的使命。从这个意义上讲，这些分科科学是探求体育诸现象原理的学问。因而可以称之为体育原理。所以体育原理是 Principles，可以有各种各样的原理。在这里，前川强调了体育原理是复数而不是单数，并且明确地指出了研究体育现象的各个分科科学就是那个分科的体育原理：关于体育原论，前川说：“这里所说的‘体育原论’与冠之以‘体育’名称的体育生物学、体育心理学、体育社会学等分科科学不同，因为这些是探求体育诸现象的理论并不是‘原论’本身。”

3. 其他学者的观点

用体育原理这个名称已经不足以概括日本国内的体育发展实际情况了，应该用体育原论将其取代。

阿部忍则表明应当把体育原理的名称改为“体育哲学”。

佐藤臣彦指出，整理我国体育原理混乱的途径要区别“技术”相位与“学”的相位，应当把作为体育实践基准并具有可变性的“体育原理”与关系到体育的普遍性本质问题的“体育哲学”分化独立，使两者分别发挥其本来的功能。

如果把体育原理和体育哲学同样看待，这从形式上和名称上来说是不妥当的……体育哲学必须要明确并承担起至今被体育原理在含糊的、未分化状态下担负的学科任务，并建立自身的理论体系。

4. 不同学者之间观点的差异性

在川村英男和前川峰雄的体育原理中，我们已经清楚地看到日本的体育原理与美国的体育原理的不同之处，同时也反映出了日本体育原理名不副实的现状。也就是说，虽然日本仍然采用美国体育原理这一名称，但是其内容却与美国的体育原理有着很大的区别，因此，20 世纪 70 年代中期，日本的体育理论界关于体育原理这个学科的名称展开了一场激烈的讨论。

（三）体育哲学与体育原理的区别

通过以上的研究我们很容易就能明确日本和美国之间的体育原理的差异，其中的差异性主要表现在以下几个方面：

1. 学术地位的区别

体育原理在体育学中处于诸学科的研究成果与体育实践之间的媒介地位；体育哲学是研究体育根本性问题的领域，在体育学中占据着指导性的地位。

2. 研究目的的区别

体育原理作为指导体育实践的基准，其主要目的是为了收到良好的锻炼效果；体育哲学以体育的本质和价值为研究对象，其主要目的是揭示体育的本质和社会价值。

3. 研究方法的区别

体育原理的研究方法是对既存储自然科学和人文社会学研究成果的整理、归纳和综合，体育哲学则是采用概念、判断、推理、比较、分析等哲学方法。

4. 研究内容的区别

体育原理的研究内容是指导体育实践的自然科学和人文社会科学的诸成果；体育哲学的主要内容是体育哲学的基本理论和体育现状分析。

二、体育原论与体育哲学

在我们弄清楚了体育哲学和体育原理之间的关系之后，那么，体育原论和体育哲学之间的关系就变得很容易理解了。有些学者把体育原论等同于体育哲学，这是很不恰当的做法。虽然体育原论和体育哲学两者之间有很密切的关系，但是我们绝对不能说体育原论就是体育哲学。

佐藤臣彦在《身体教育哲学》中提到有关体育哲学研究领域的两个方面，这两个课题如下：

（1）体育的主观推测和先入之见的现状“批判”。

（2）要建立起一个内涵不变的体育“原理论”。

我们不难看出，体育哲学有两个领域，体育原论只是体育哲学两个领域中的一个领域，也就是说体育原论是体育哲学的基本理论部分。

三、体育概论与体育哲学

体育概论这个学科的名称在我国是很常见的，经常作为体育院系的一门必修课，出版了很多有关体育概论的教材和专著，但是体育概论这个学科名称在日本的有关体育著作和理论中却是很少见的。20 世纪 80 年代中后期有很多的学者尝试把体育概论作为一门基础理论学科，脱离群众体育学、学校体育学、运动训练学，并且负担起揭示体育本质的任务，如果有一天实现了这个构想，那么体育概论自然也就具有了体育哲学的内涵，但是我们从实际情况来看，我们国家的体育概论还仅仅是停留在一个相对浅显的层面，并没有真正揭示体育本质的目的，只是简单地把体育概念停留在定义的水平上。

另外，从内容上来看，体育概论综合了学校体育学、体育史、体育社会学、运动训练学中的一部分内容，成了名副其实的体育概论。换句话来说，体育概论作为一门介绍体育入门的学科也是可以的，但是并不具有体育哲学的学科性质。因此，体育概论中所提出的对体育本质的研究只能由体育哲学来承担，这是我国体育的客观要求，也是体育现实赋予体育哲学的历史使命。

第三节　体育人文社会学的哲学问题分析

20 世纪 80 年代中期，我国的体育界关于体育的归属和本质等问题展开了一系列的讨论，虽然在许多问题上没能达成共识，但是那场讨论的确推动了我国体育理论的发展，这是不容否定的事实。

然而，由于种种原因这种关于体育基本理论问题的探讨没能继续下去，致使争论的焦点被搁置下来，至今尚未得到解决。学术观点的多样化、学术氛围的民主化是学术研究的前提条件，各种不同观点之间的争论是学术探讨的正常现象，可以促进学术的发展。现仅就几个主要的体育哲学的基本问题进行探讨。

一、体育的本质

体育哲学的主要内容之一就是要正确的认识体育的本质，然而，研究这一问题必可避免地要涉及两个方面：一是体育的归属；二是体育的本质。

（一）体育的归属

关于体育的归属问题主要有以下三种观点。

1. 体育不属于教育的范畴

龙天启的观点认为，体育是整个身体活动的总称，这种观点主张体育只是属于表象的身体活动，即使在一定程度上赞成体育有一定的教育性，但是还没有明确的说明体育属于教育的范畴。

惠蜀也认为，体育的本身具有很多种属性，只是把体育归属在教育的范畴中，无论是在形式上还是在内容上都有些说不过去，这样会抹杀体育的多样性。

2. 体育只是部分地属于教育

关于体育只是部分地属于教育，这种观点把体育分为了广义和狭义，只是作为狭义体育的学校体育属于教育的范畴。除此之外，体育的运动形式中还包括了竞技运动、身体锻炼和身体娱乐。

曹湘君把广义的体育定义为：以身体的锻炼为基本手段，以增强人民体质和促进人的全面发展、丰富社会文化生活以及促进精神文明的建设为目的的一种社会活动。

3. 体育属于教育的范畴

体育属于教育的范畴。林笑峰认为，“体育是增强体质的教育。”吴翼鉴认为，“体育即是育体。具体地说，它是以身体活动来增强体质。”在这种观点中，有的学者侧重于增强体质，有的学者侧重于人格的培养，还有的学者侧重于教育本身等等，但都认为体育是教育的组成部分。

有关于体育的归属问题会直接关系到我们对体育本质的认识，如果我们错误的划分了体育的范畴，那么，我们就不能准确地去把握好体育的本质了。最后关于体育归属问题的几种观点，也就是把体育归属到教育的范畴中，我们认为这是比较合理的，我们知道，体育自古以来就是教育的一个重要组成部分。其中我们要重点强调一点：我们绝对不可以把教育单单理解为是狭义的学校教育，它应当是广义的教育。

（二）体育的本质和本质属性

1. 两种不同的在体育本质观点

“单质论”和“多质论”两种观点是当今体育界讨论比较多的两种观点。

（1）“单质论”学者认为从体育是增强体质的教育出发，对上述观点持否定态度。

（2）“多质论”学者认为，体育作为各种身体活动的总和，有着多种多样的本质。

2. 体育概念的诸多观点

体育概念是反映体育的本质属性，在我国的体育理论界，关于体育概念的制定，仍然是众说纷纭的一种状况。随着体育不断地走向国际化，尽快与国际接轨是一项急需解决的重要任务，因此，某些国外学者的观点值得我们来参考一下。

川村英男认为，“体育是为了使竞技运动和其他运动对人产生理想的影响（效果、价值、意义等）所进行的活动。”

前川峰雄认为，“体育是通过身体活动（媒介、手段）所进行的教育。”

阿部忍认为，“体育是以身体活动为媒介，以培养健康的身体和理想的社会性格为目标的教育。”

佐藤臣彦认为，“体育是加上‘身体的’这一修饰词的教育。”

威廉姆斯在《体育原理》一书中指出，自古以来体育就是一种基本教育。因此，他认为“体育是通过身体的教育。”

上述的各种观点为准确地把握体育概念的内涵提供了有益的参考。同时这些观点也表明，体育概念的定义在国际体育理论界尚未达成共识，但主张把“竞技运动”同“体育”分开，并把体育归属于教育范畴是主流观点。作为探讨体育本质的出发点，这里把体育定义为：体育是以增强体质、促进健康为目的，以身体活动为手段（媒介）的教育。

3. 本质和本质属性

（1）某种事物的概念会反映出这种事物的本质属性。我们可以把水定义成为无色无味的透明液体，这里我们提及的液体就是水的一种基本概念，不是固体也不是气体，能够体现出该事物的本质。

（2）某种事物之间种差反映了该事物即种概念的本质属性：我们还是拿水来做比较，水的种差“无色、无味、透明”就很好地反映了水的本质属性。我们清楚地知道，在这三个属性中缺少任何一个属性我们就很难能够想象到水这个事物，同时，他们决定了在同一属概念中水的概念与其他概念的区别。

二、教育和体育

教育是体育的本质，那么，我们接下来就应该重点探讨教育的本质，在我们把握体育的本质时，弄清教育的本质时极其重要的。

（一）教育本质的诸学说

关于“什么是教育”，也就是教育的本质问题，始终是教育学家们探索的教育理论之一。但是每个人的出发点不同，考虑问题的角度不同，那么他们的观点肯定会有所差异，对于教育本质这一问题的看法也会有很大的区别，一直到现在还没有达成共识，出现了一种仁者见仁，智者见智的局面，同时这种局面的出现为我们更好地探讨教育的本质提供了很高的参考价值。

1. 西方的教育思想

法国18世纪著名的教育家卢梭在《爱弥尔》一书中阐述了他的自然主义教育思想，他认为，“出自万物的造物主之手的东西，都是好的，而一到了人的手中就全变坏了。”卢梭认为，人的天性是善良的，而社会是腐朽黑暗的，限制了人的发展。

因此，他提倡顺应儿童的自然本性，实施自然教育。他把教育分为三类，“我们的才能和器官的内在的发展，是自然的教育；别人教我们如何利用这种发展，是人的教育；我们从影响我们的事物获得良好的经验，是事物的教育”。卢梭主张，只有当这三种教育的方向一致，并向着同一个目标努力的时候才是好的教育，否则就是坏的教育。教育的目的就是要使人回归自然。

美国著名的实用主义教育家杜威给教育作了如下定义：“教育一方面是在成人与儿童日常交往中无意识的经验传授过程，另一方面是社会为了保证自己的存在和所形成的有意识的经验传授过程。”杜威把教育看作“一个养育、哺育、培育人的过程”，把生活解释成为个人和种族经验的全范围，提出“教育即生活”、“学校即社会”的观点，并认为学校生活是生活的重要组成部分，应当既满足儿童的兴趣和需要，又要满足社会的需求。他主张教育是社会进步的基本方法，通过教育的改造实现社会的改造，从而创造一个更加美好的社会。

杜威还认为“教育即生长”，未成熟性和可塑性是少年儿童生长发展的条件。教育就是要尊重少年儿童身心发展特点，以儿童为中心，为他们的生长发展提供适宜的条件。他主张教育的过程是一个不断发展的过程，从另一个方面来说教育的目的就是促进未成年人的各项能力的全面发展。

2. 日本的教育思想

高山岩男在《教育哲学》中指出：“教育是人类社会中最古老的文化活动。说教育是伴随着人类的出现而诞生并不是夸张。”他认为教育是人类独有的现象，虽然原始社会未开化的教育与文明社会的教育在其程度上有差别，但是教育与人的存在是密不可分的。他以印度狼孩的事实为例，强调了人只有通过教育才能成为人，否则即使是人的后代，具有人的遗传基因，也不能成为真正的人。基于这种思想，高山主张，“人通过教育才能成为人。反过来说，教育不是别的正是将人改变成人的事业”。

同时，高山强调“全人教育”，并指出那种只重视智育而轻视德育的现象是与全人教育的精神相违背的，同样只重视德育、智育而轻视体育、技能教育、艺术教育也是不行的。关于教育的本质，高山认为，教育与善恶、真伪、美丑这些相互对立的价值有着不可分的关系。辨别这些价值是教育的开始，选择正价值排除反价值，并在价值实现的过程中培育文明、文化的园地是教育的本道。这里高山所说的本道也就是教育的本质。

细谷恒夫认为，“教育是在使他人将来能有更好的行为的意图下对他人实施的作用”。他说，这里的行为不单纯是外部的具体行动，也包含了思维、感觉等内部的东西。应当把知识、技能、品行等作为那个人的行为方式来把握。同时，对他人实施作用也包含了通过语言的教授、训练和使人将来能有更好的行为所必要的生活环境。

在此基础上，细谷指出了教育的“连续性”和“奉献性”的本质内涵。关于连续性，他说教育行为不是一次性的行为，而是在空间和时间上连续不断的、无限扩展的行为。关于奉献性，他说，所谓奉献性是指教育客观上要对受教育者有好处，对受教育者来说，没有好处的行为不能说是具有教育性的行为。细谷认为人生观、社会观、文化观是构成教育观的主要契机，因此教育的功能主要表现为培养人、促进社会进步、传授文化这三个方面。他强调，无论把其中的哪一个方面作为主要的目标，都不能忽视另外两个方面，只有将三个方面有机地结合起来才能培养全面发展的人。

3. 我国的教育思想

（1）古代的教育思想

中国是一个文明古国，也是一个教育古国，有着重视教育的优良传统。虽然在先秦时期，我们国家已经形成了比较完整的教育思想体系，但是对于“什么是教育”这个命题还没有明确的回答。在东汉时期，许慎在《说文解字》中第一次对教育进行了比较完整的解释，他说：“教，上所施，下所效也，育，养子使作善也”。在当时看来，“教”主要指教育者的教诲和受教育者的效仿；“育”指的是使受教育者在教育者的指导下在人生道路上往好的方向去发展。这种对于教育的解释基本代表了我国古代教育学者对教育的理解，在当时的社会和政治环境下，能有这样的见解已经是很不容易了。

（2）我国现代教育思想

随着改革开放和解放思想的不断深入，以我国社会学家发表的《重视培养人的活动》的文章为标志，在20世纪的80年代，我国教育界着重讨论了关于教育的本质。在教育归属的问题上，出现了“上层建筑说”“生产力说”“多因素说”等观点，在教育概念内涵的问题上，也呈现了一种众说纷纭的局面。

叶澜认为，教育概念中的人并不是特指某一人群，而是所有的人；也不是指人的某一特定时期，而是指整个人生。最后，教育对人的影响包含着“正”“反”两个方向，并不是只有积极的影响，同时也包含消极的影响。

因此，他把教育人为地分为好与坏、积极与消极、进步与落后，只要是能够有意识地影响人的身心发展，并且以此作为目标的各种社会活动，我们都可以称之为教育。

（二）教育的本质特征

综上所述，我们看到教育观之间存在有很大的差异性，但是通过比较和归纳，仍然会发现诸学说之间存在许多的共同点，这些共同点反映了教育的本质特征。

1. 教育的育人性

教育是人类独有的社会文化现象，人只有通过教育，人才能由一个生物人变为社会人，通过传授知识经验这种形式，才能促进人的全面发展。因此，教育是一个培养人、塑造人的过程。

2. 教育的科学性

教育的形式虽然有多种多样，但是无论是哪种形式的教育，都应当讲究科学性，即要按照人的身心发展规律实施教育。

3. 教育的关系性

教育这一过程是由教育者、受教育者和文化媒体之间的关系构成的。因此，教育不是实体概念，而是关系概念。

4. 教育的连续性

教育的连续性包括两个方面，对于个人来说，教育不是一时的教育，而是生涯教育，也不是只对人的某一个方面的教育，而是全面教育。对于社会来说，教育是一种社会机能，它将上一代的经验不断地传授给下一代。从时间上来讲，教育伴随着人类社会的始终。从空间上来讲，教育所传授的知识经验包括全部人类文化。

5. 教育的奉献性

奉献性是指教育者为了使受教育者更加完美对其进行指导，这种指导应当在客观上对受教育者有正价值。

6. 教育的实践性

实践性是指教育过程是通过教育者和受教育者的各种行为来实现的。

（三）教育的定义

在上述的教育定义中，对于“什么是教育”每个人会有不同的答案。我们认为，应该要把教育理解为一个褒义词，定位在正价值的概念中还是相对恰当一些的。同时，我们认为，在认识这一问题的时候，不仅是要从“教育”和“教学”的层面区分开来。也就是说，教育的本质是通过传授知识经验和促进人的全面发展来使人更加完善的，但是在不同的历史阶段和社会制度以及场合下进行的教育实践并不能够完全反应教育的本质，这会受到社会政治、经济、文化和科学等很多因素的影响。但是我们千万不能否定教育本质的存在。

恰好相反，在各种场合下的教育实践应当把教育的本质作为尺度，通过不断的修正和调整，尽量反应教育的本质理念。因此来说，教育始终是一个正价值的观念，与负价值的“教唆”是有着很明显的区别的。

我们之所以认为教育是正价值的原因有以下三点：

1. 教育理念

教育的理念是扬善抑恶。尽管人们对善的理解不尽相同，但是人类具有某些共同的价值观是不争的事实。

2. 教育功能

教育通过传授知识经验可以使人的各种能力得到发展。

3. 教育成果

教育通过传递文化促进社会的发展。人类社会从原始社会发展到今天已经充分证明了这一点。

通过以上学说的分析归纳和总结，我们不难看出：“教育是一个通过传授知识经验来培养人、塑造人和完善人的一个过程。”

（四）体育与教育的关系

在我们知道了教育的本质对于揭示体育的本质有着重要的意义，从根源上来说，体育是属于教育的范畴的。但是体育和构成教育的其他概念有所不同，具有一定的特殊性，毕竟体育是一种“身体教育”。这里我们所讲的身体教育有两层含义，其一是“对于身体的教育”；其二是“通过身体的教育”。

教育和体育的关系主要表现如下：

（1）体育是教育的一个不可缺少的部分，没有体育的教育是不完整、不健全的教育。

（2）体育作为一种教育活动，具有与教育相同的内部结构，因此，体育与教育一样也是关系概念。

（3）体育的目的受教育目的的制约，为实现教育的目的、目标服务。

三、身体活动与体育

众所周知，体育是以身体活动为媒介的教育，因此我们首先对决定体育本质的教育进行了先期的考察。但是，体育是通过身体活动来实现教育目标的，所以和智育、德育、美育等有很大的区别。对于体育来说，身体和教育具有相同的重要性，脱离了教育，体育不能称之为体育；脱离了身体活动，体育也不能称之为体育。正确地把握身体活动的内涵与特征，也是认识体育的本质不可逾越的基本问题，正如前川峰雄所说的“身体活动的问题不解决，体育研究就不可能同意有任何的进展”。

（一）身心关系的两种学说

有关身体的研究不仅是体育哲学需要研究的基本问题之一，也是一般哲学研究的重要课题。身心问题在哲学界一直是热度不减的讨论话题，归纳起来主要有两种观点。

1. 身心一元论

物质和精神有不用的属性，但是物质和精神并不是相互孤立的，两种关系相互依存，属于一个统一体当中。同样对于现实生活中的人来说，身体和精神同样是不可分割的，是相互联系、互为依存的同一事物的两个侧面。

2. 身心二元论

以身心二元论的观点来说，身体和精神是两个独立存在的事物，是两个毫无关系的实体，一个是精神实体，一个是物质实体，精神实体的本质是思维，而物质实体的本质是广延。

（二）身体的多元性结构

马克思的辩证唯物主义认为，身体不是上天赋予的，而是现实生活中的身体，因此，在认识身体的时候，我们首先要明确生活中我们习以为常的两个事实。其一就是身体是具有主观意识的身体，是有感觉、有知觉的身体；其二就是身体是客观存在的身体，是占据了一定空间，一定体积和重量的现实存在的身体。

综上所述，身体的多元性结构主要表现在以下方面：

1. 生物性身体

生物性身体反映身体的自然属性，是自然的一部分。我们把缺乏意识的生物性身体叫作“躯体”或“肉体”。例如，医生对患者实施手术时，完全从临床医学的角度，按照人体的肌肉、骨骼的结构以及医学要求实施操作。因为无论是人体的解剖结构、生理系统还是人体各种器官都有其内部发展的规律性，是不以人们的意志为转移的。另一方面，为了实施手术的需要，在某些情况下，不得不暂时让患者失去感觉、知觉和意识，这时手术台上患者的身体已经完全变成了医疗对象的躯体。

2. 主动性身体

我们把有意识、有能动性的身体叫作主体性身体。主体性身体是躯体与意识的有机结合，是人区别于动物的根本标志之一。体育比赛中运动员优美的身姿和高难度的技术动作，无一不是通过主体性身体来完成的。

3. 社会性身体

社会性身体是指人的身体内在社会属性，并且必然处于社会关系之中。身体内在的社会性主要表现在人的意识方面。如上所述，没有意识就没有主体性身体，而“意识一开始就是社会的产物，而且只要人们还存在着，它仍然是这种产物”。另外，身体必然处于社会关系之中，这是生命的生产所决定的。因为，“生命的生产无论是自己生命的生产或是他人生命的生产都会表现为双重关系：一方面是自然关系；另一方面是社会关系。”因此，人的身体不可能脱离社会而存在，它既是自然的一部分，又是社会关系的产物。

（三）身体与活动

我们可以把活动理解成为“有意识、有目的的行动”，但是人的活动又根据活动的主要内容和主要方式分为了身体活动和精神活动两大类，也就是我们经常所说的脑力劳动和体力劳动。这两类活动仅仅是活动内容和活动方式不同，两者都包含了身和心两个方面。为了更好地区分精神活动，我们把身体活动定义为：“大肌肉群参与的有意识、有目的的行动。”人为什么一定要进行身体活动呢？通常人们会认为是生活的必需，因为身体和活动有密不可分的关系，身体是活动的身体，活动也是身体的活动。身体活动的动力来源于人的需要。

1. 维持人体生命机能

众所周知，生命在于运动。人们之所以把生命和运动紧紧地练习在一起，是因为运动对于维持人生命的重要性，人体在刚刚诞生的时候就是一个形态和机能的统一体，也是一个具有自然属性的生物体。有实验证明，一般人肌肉的重量占体重的35%～40%，经常运动的人可以占50%左右。经常运动的青少年比不经常参加运动的青少年平均身高高出了2～4厘米。国外有人做老鼠的实验，将老鼠关在笼子里30天，发现它们机体大部分的器官和生理系统发生了机能障碍。还有的实验，让健康的年轻人连续卧床9天后发现，他们心脏循环系统、呼吸系统以及新陈代谢的工作能力都下降了21%，心脏容积缩小10%。所有这些都说明，人为了维持其正常的生命机能就必须要进行身体活动。

2. 满足人们基本欲求

我们共同面对这样一个事实，那就是无论人是怎样高级的动物，必定还属于动物的范畴，具有与动物一样的某些本能欲求，如食欲、安全欲、睡眠欲、性欲等等。这些欲求对于作为人来说是必不可少的东西。如果这些基本欲求不能够满足，那么人就失去了生存的基本条件。身体活动是满足人这些基本欲求的必要条件。

在原始社会中，人为了充饥就要出去狩猎，要爬山、过河、攀岩等；为了自我保护要抵御野兽和敌人袭击，就需要追击、投掷、逃跑等。所有这些都离不开身体活动。随着社会的发展，农业从畜牧业中分离出来，而后又产生了手工业，18世纪蒸汽机的发明使手工业发展到大机器工业，第一次世界大战以后人类社会进入了现代化的发展时期，生产力有了极大的提高。

但是，无论社会怎样发展，人的这些基本欲求仍然存在。无论满足这些欲求的活动形式怎样变化，身体活动仍然是一个必不可少的条件。因为劳动本身也表现为一种身体活动。当然，劳动这种身体活动与体育中的身体活动有着本质的不同。

3. 满足人们物质和精神文化生活

在现代社会中，随着生产力的不断发展，人们的物质生活和精神生活都得到了很大的改善，充饥和安全等人的基本欲求基本上得到了满足。按照马斯洛的需要层次理论，人们需求从低级向高级发展，也就是说，在人们满足了人类赖以生存的基本需求之后，必然会产生对更高层次的物质和精神文化生活的需求，如参加各种娱乐活动、体育比赛、观光旅游等等。然而这些活动都表现为人的身体活动。没有身体活动，人们对于这些物质、精神生活的欲求只能是一种愿望，而不能成为现实。尤其在生产力高度发达、工作压力大、运动不足、文明病滋生的知识经济时代，通过身体活动追求娱乐休闲已经成为现代人的普遍追求。

4. 满足人们的社会交往

当人脱离社会的时候，肯定是不能生存的，社会交往是人的必然需要，其中体育锻炼也是一种很有效的交往手段之一。比如球类运动的球友、拳类运动的队友等等都是通过身体活动把人们的心凝聚在一起的，毫无疑问，体育运动能够加强人与人之间的交流和沟通。有调查表明，在某个社区加强了体育活动之后，不仅增强了邻里之间的关系，而且还降低了社区的犯罪率，建设了和谐社会，并且还降低了社区的离婚率。

（四）身体活动与体育

身体活动是有大肌肉群参与的有意识、有目的的行动，但是并不是所有的身体活动都能够成为体育的媒介和手段，更不是所有具有身体活动参与的教育都可以称之为体育。作为体育手段的身体活动应当有两个明显的特征。

1. 有实现体育目标的价值

身体活动作为体育手段应当含有的实现体育目标的潜在价值，所以我们才能够称之为是体育的手段和媒介。就像威廉姆斯说的那样，体育中的身体活动是经过选择的身体活动。这种选择是按照一定的原则来实施的，尤为重要的是全面性原则、区别性原则和趣味性原则。

（1）全面性原则

所选择的身体活动有利于身体各部位的发展，而不只是某一部位的重复运动。这一点与生产劳动（锄地、割稻子、搬运、机器操作等）有着本质性区别。同时，通过身体活动有利于人的运动素质的全面发展，包括力量、速度、耐力、柔韧、敏捷等等。

（2）区别性原则

根据不同情况选择不同的运动项目。例如，少年儿童与老年人、男性与女性、普通人与残疾人等所选的身体活动应当有所不同。

（3）趣味性原则

所选择的身体活动应当能唤起活动者的运动欲望，并养成良好的运动习惯。

2. 身体活动含有文化特征

换句话说，这些身体活动都是身体文化的一部分，具有规则性、竞争性或挑战性、娱乐性、不确定性等本质特征，如体操、球类、舞蹈、格斗、游戏等等。这些身体文化既可以是国际性的，也可以是民族性的。通过这些身体活动，人们可以掌握一定的运动技术技能，增强体质，促进健康。

四、体育的目的和目标

（一）目标和目的的含义与关系

在我们的日常生活中经常会把“目标”和“目的”混淆，人们都以为这两个词的概念是相同的。美国的学者韦伯斯特对学术界这种现象提出了批判，他认为，在很多场合没有区分“目标”和“目的”很容易就会造成传播和理解上的障碍，从而引起混乱。

现以登山为例来说明目的、目标的区别。对于登山者来说，登山的目标是很具体明确的。一般来说，山顶就是登山者们的共同目标，登上山顶也就达到了登山的目标。可是登山的目的却不同了，因为登山的目的是要回答“为什么要登山。”在这种情况下，有的人可能是想站在高山之巅领略大自然的风光，有的人可能是为了锻炼身体增进健康，有的人可能是为了满足某种冒险的心理，有的人可能是为了与家人共度闲暇等等。登山的例子可以使我们清晰地感觉到目的与目标的不同，其区别与联系如下。

1. 目的、目标的区别

（1）目标是客观的、外在的；目的是主观的、内在的。比如登山的目标——山顶就是外部客观存在的东西，而登山的目的却是以观念的形式存在于每个登山者的内心。所以尽管大家的目标是相同的，但是每个人的目的却不尽相同。

（2）在同等水平上，目的比目标抽象，目标比目的具体。有些学者在认识目的和目标的区别时，简单地认为目标是具体的，目的是抽象的。这种观点有些偏颇。因为目标不一定都具体，比如有些远大的宏伟目标也并不具体。同样，目的也不一定都是抽象的。比如，登山的目的虽然是内在的、主观的东西，但是每个人的目的都很具体。应当注意的是，目的比目标抽象，目标比目的具体，都只能限于同等水平上的目的和目标，而不是笼统地指所有的目的和目标。

（3）从时间上来说，目的在前，目标在后。人是有思维能力的动物，人的一切行为都是受其思想支配的。同样，人在设定目标的时候，并不是盲目地设定，而是在一定目的的支配下设定的。可以说，任何目标都建筑在一定的目的之上，世界上不存在没有目的的目标。

（4）目的一致，目标不一定一致，反之一样。从登山的例子我们可以看到，虽然大家的目标是一致的，但是每个人的目的却不一样。同样，相同的目的不一定都有相同的目标。有时要达到同一目的，每个人根据自己的实际情况设定的目标却不尽相同。

2. 目的与目标的联系

虽然目的和目标有所不同，但是两者之间却存在密切的联系，主要表现在：目的可以决定目标的方向，而目的一定要通过目标来实现，在实现目的的实践过程中，目的和目标双方都应该得到修正。无论是再好的目的，如果没有目标的话，就如同空中楼阁和海市蜃楼，永远都不可能变成现实。然而，目的毕竟是预先设想的一种愿望，带有一定的主观性，当以这种目的为指向的目标在实践中不符合客观现实时，就需要进行修正。修正了的目的再一次为目标指明方向，制定出切合实际的目标。所以目的与目标既对立又统一，相互关联，相互制约，不断地发展变化。

（二）中外体育目的和目标的比较及界定

1. 中外体育目的、目标的比较

中外体育目的、目标的相同点主要表现在以下三个方面：

（1）中外体育的目的、目标中都含有增强体质、促进健康的内容。美国、日本在资本主义市场经济体制下，强调的是“个人本位”，其体育目的、目标紧紧围绕人的发展这个中心展开。而我国长期以来在社会主义计划经济体制下，强调的是“国家本位”，即使目前在社会主义市场经济体制下，个性发展越来越受到重视，“以人为本”已成为共识。然而，体育领域中的“国家本位”的地位基本没有改变。所以，在我国体育的目的、目标中明确提出“为社会主义服务”、“为建设社会主义物质文明和精神文明服务”等，这是我国的社会主义制度决定的，是国家本位的体现。

（2）中外体育的目的、目标中都含有提高运动技能的内容。美国、日本的体育目的、目标着眼点在于通过提高运动技能培养国民的运动兴趣，养成锻炼的习惯，成为欢度余暇的手段，提高生活质量。而我国体育的目的、目标的着眼点在于提高运动技术水平，攀登世界体育高峰，为国争光，增强民族自豪感。

（3）中外体育的目的、目标中都含有教育的内容。美国、日本的体育目的、目标着眼点在于培养良好的社会适应性，养成公正、守法、协同、责任等良好的社会态度和与他人友好相处的交往能力。而我国体育的目的、目标的着眼点在于“进行共产主义思想品德教育”、“精神文明建设”等。

2. 体育目的、目标的界定

很多的中外学者关于体育目的、目标的各种观点和认识，给了我们很多有益的启发和参考，借助于前辈的经验，我们尝试来界定体育的目的和目标。

首先，体育目的的界定一定要有体育概念和本质内涵的依据，否则可能就会产生逻辑上的混乱。通常我们认为，体育是以增强体质和促进健康为目的，以身体活动为媒介的一种教育形式，因此，体育的本质就是教育，体育的目的也一定要受到教育目的的制约，为教育的目的服务。这里我们需要注意的是，体育的目的和教育的目的是绝对不能画等号的，只能作为教育的一个方面，为实现教育的目的尽到体育力所能及之力。

简单地说，体育可以促进人的全面发展，仅仅依靠体育是不能培养全面的人才的，基于以上的想法，我们就可以认为，体育的目的就是为了能够更好地培养健康的，具有运动技术和技能积极运动习惯的人。

其次来说，体育目标的设定也一定要依附于体育的目的，因为实现体育目的的具体途径就是体育目标。没有体育目的的存在，体育目标也会失去一定的意义。根据上述的体育目的，我们可以从以下几个方面来设定体育的目标。

（1）增强体质，促进健康。增强体质的目的就是为了更好地促进生长发育，提高各个器官系统的技能和适应能力，进而使人的身体形态和身体技能协调的来发展。促进人的身体健康主要是根据健康的三维概念，即身体、心理和社会这三个方面。这里主要强调的就是在医疗、保健、营养等在一定程度和范围内可以起到增强体质的作用的同时，体育活动是增强体质，促进健康最有效的手段。

（2）掌握运动技术和技能。掌握好运动技术和技能是体育区别于德育、智育和美育等其他学科的显著特点之一。换句话来说，我们只有通过身体活动为媒介的体育，才能够掌握好运动技术和技能。同时，掌握好运动技术和技能。同时，掌握好运动技术和技能不仅仅适用于高水平的运动员，同样也适用于普通的民众，凡是参加运动的人都会对运动技术和技能有很高的需求。

（3）养成运动的习惯。通过充分的培养体育运动习惯，让人把参加体育活动作为一种不可或缺的生活方式，终身享受体育带给我们的快乐，这同样是体育义不容辞的责任。

五、体育的功能

（一）体育功能的观点

在 20 世纪的 80 年代在我们国家体育理论界展开了一场关于体育功能的讨论，虽然现在的体育是多功能的，不是单一功能的，这种观点已经被大多数的学者接受了，但是在体育的“本质功能和非本质功能”、“特殊功能和一般功能”等的认识上依然存在很大的分歧，体育理论界比较常见的集中观点主要有以下三种：

1. 本质功能的一元论

这种观点虽然主张体育的功能是多种多样的，但却强调体育的本质功能只有一个，那就是“增强体质”。这就是人们所说的“体质派”的观点。

2. 本质功能的多元论

这种观点认为体育有其本质功能和非本质功能，然而其本质功能不是一元的而是多元的。具体地说，体育的本质功能有三个，即教育功能、健身功能和娱乐功能，而政治功能、经济功能、文化功能和科技功能等都是非本质功能。

3. 体育功能的“铁饼”论

这种观点认为体育的功能如同铁饼一样中厚边薄，内重外轻，向外辐射，绕中旋转。

这种观点把铁饼的中心部叫作体育的本质功能，即增强体质，铁饼的中部叫作体育的外延功能，即德、智、美、技，体现了体育是教育的重要组成部分；铁饼的边缘是扩展功能，即社会功能、心理功能、建设功能等。

（二）体育功能的分析

基于以上的认识，在体育理论界仍然存在三种比较有影响力的观点，对于观点的准确性和权威性仍然需要进一步商榷。

1. 观点一

仅仅是把增强体质作为体育的本质，这样就不能够全面、客观地反映体育本质的功能。因为体育是教育的子概念，教育性是体育不可或缺的本质属性之一，但是，体育的教育属性必然会表现为教育功能，因此，我们一定不要忽略体育教育功能的存在。

2. 观点二

娱乐性并不是体育的本质属性，而是体育的偶有属性，所以有些人把娱乐性列入体育的本质功能是一种很不恰当的做法。偶有属性相对于特有属性，是指某类中的某些事物所具有，但是不失某类中所有事物都具有的那些属性。

3. 观点三

综合第一种观点和第二种观点，把体育的本质功能只理解为增强体质，与第一种观点存有同样的问题。

在我们看来，应该从两个方面来分析体育的功能。

首先，因为体育的本质属性是身体活动性和教育性，所以，这两种本质属性的结合所产生的体育的“本质性功能”应当是“增强体质、促进健康的功能”。其次，我们应当有效地把体育的功能和高水平竞技运动的功能区分开来。体育功能的作用方向是向心性的，即朝向人的自身，以人为本。但是高水平竞技运动功能的作用方向是离心的，它不是以人的自身为目的，而是指向人以外的某种东西。在这样的情况下，高水平竞技运动只是一种实现某种目的的手段。

第六章　法学与体育人文社会学

体育法学以体育实践中的诸多法律现象和法律关系为研究任务，为解决体育中的种种矛盾，协调体育活动中的种种关系，保障体育主体的权益提供科学的理论依据。

本章从体育法学的发展脉络出发，对体育法学的基本研究内容进行了论述，介绍了体育法学研究的方法，分析了我国体育法学的研究现状和热点问题，对完善体育法学的研究体系、解决我国体育改革和发展中的实际法律问题提出了参考意见。

第一节　体育人文社会学的法学基础

体育法学是体育科学领域产生的一门新型的学科，当然，体育的法学问题也是整个法学科学领域的一个分支学科。

体育法学与体育人文社会学有着不可分割的关系，对于这种密切的关联，我们将会从各个方面入手，着重的分析体育人文社会学的法学基础问题。

一、体育法学的产生

体育的法学是伴随着体育的发展逐渐产生的，和社会的法律要求必须要有一定的适应性。

体育法学是对体育实践中的法律现象进行的一定程度上的理论认识，和体育的内部规定、章程规则以及有关体育的各种法律有密切的联系。

（一）体育运动的规则

体育有关规则的产生经历了以下几个过程：

1. 体育的习惯性规范

每一项体育运动项目的产生，都是由一个不成熟到成熟的发展过程。在最初的不成熟的阶段，靠的是在习惯中形成的简单方法来调整其他活动的内容和形式。古代的体育活动很多与劳动、教育、音乐和军事技术等融合在一起，在人们传授各种技能的过程中，都要确定一些具有约束效力的原则约定和具体措施，并且要求人们在活动中加以遵循，时间久了便形成了习惯性的规范。

体育规则的产生是一个长期而复杂的发展过程，源自于人们在体育活动中的习惯性规范。体育规则的目的在于确定人们在进行体育活动的过程中是否符合体育要求的约束。

2. 体育的章程化规则

最初是没有一般的行为规则的，早期的体育活动规则大多数是对于军队和教育的管理需要，一般行为规则尤此产生，进而从个别转变为一般调整。

此时有关体育运动和竞赛的简单规定，即是现代体育运动章程和规则的雏形。在体育运动的发展过程中，其规则的早期形式一般是由比较简单、较为零散而且是以约定俗成的形式出现的。后来，才逐渐从提倡或禁止的过程中发展成为比较明确的成文规则。

（1）凭借什么来判断输赢？在进行体育活动的时候，我们要依靠体育规则的权威性和有限性来判断输赢，由于体育活动或者比赛的瞬时性和连续性，所以各种体育规则在制定和完善的过程中，都会比较注重和强调规则的系统化和执行的权威性。

（2）为什么要遵守规则？原因就在于体育规则的强制性和遵守的自觉性。英国短跑巨星克里斯蒂在1996年亚特兰大奥运会100米决赛中因两次抢跑被取消了资格，失去了争夺冠军的机会，因为当时田径比赛在短跑的规则中明确规定：运动员第二次起跑犯规时要被取消比赛资格，这是具有强制性的规定，并且这个规定还通过现代化的电子控制设备予以强制保证。在长跑比赛中，由于规则规定了不分道次的竞赛形式，所以在比赛中经常出现运动员之间相互碰撞或者利用小动作压制对手的情况。

因此，规则对运动员在比赛中的身体动作及产生的后果也有着明确的规定，参加比赛的运动员即被规则所强制，更要自觉遵守规则。

（二）体育法律的产生

1. 体育规范

人们在参与社会生活的时候一定要有社会规范的约束，这种体育规范是根据人们长期的社会生活中的社会价值观的认定以及对特定环境下人类行动所做出的、必须共同遵守的程序与规则。

体育的规范是人们在社会生活中创造并且逐渐发展起来的，对于人类的本能与任性行为具有遏制的作用，同时也控制和调整、干预社会生活，进而成为某一特定社会环境中某种稳定的、群体关系的文化维持模式。

体育规范属于社会的规范，具体有几个特征：

（1）价值性。体育的实践活动中，人们自己行动的背后隐藏着社会通行的价值准则。体育规范的价值性赋予了体育活动以特定导向，便于纳入社会运行的轨道。

（2）约束性。体育规范是对主体进行体育活动的规定，因而具有客观的约束作用。体育规范所规定的行动准则，表明了在体育及相关领域里人们可以做什么，不可以做什么以及如何去做。活动者只有遵从社会或群体的体育规范时，才能被群体或社会所接纳。

（3）特殊性。任何体育规范都是相对特定的活动环境、特定的主体而言的。一定的体育规范在特定的社会互动情景中起作用。

（4）普遍性。某个人的行为并不能成为行为的准则，只有当一种行为得到大多数人的认可的时候，这种行为才能够被指定成行为准则，形成规范。所以，体育规范在体育领域具有普遍性。同时，体育规范还参与社会规范体系的构成。

（5）文化性。文化是一个社会的人们同享用和共同学习的风俗、信仰、价值及全部创造的总和。文化是人类在长期的共同生活中创造的，有着共同遵从的准则和标准。

这些准则和标准就是文化控制手段和规范。体育规范反映了人们在特定社会文化生活中的准则和标准。

2. 体育法律规范

在我国古代的某些法令中，也有关于体育方面的条文。春秋战国时期，列国征战不休，各个国家都非常重视军事和体育，大力提倡民众习武的竞争力。

魏国曾经制定了《习射令》，规定了按照每个人的骑射技术的高低来评判胜负的规则。齐国在变法的时候，责令各个级别的官吏向上举荐有特殊技能的人才，否则就会以“蔽才”来论罪处理。

体育作为一种最基本的人权是在19世纪多数的欧洲资产阶级革命渐渐走向成功之后的事情，这个时候体育和教育一起在很多国家的法律中相继得到体现和认可。

我们知道，近代的体育法规主要是片面的有关学校体育的一些法令，国家的法规和法令对学校体育做出了很全面的规定，这逐渐表明了体育在社会生活中的地位逐渐突出了起来，现代国家行政的重要事务之一就是管理体育，不难看出体育在学校中的地位也越来越重要了。

在第一次世界大战之后，很多国家对于体育的立法便不局限于学校中了，随着社会的发展和社会制度的不断完善，体育的立法逐渐形成了带有一定宪法性质的法律。

在第二次世界大战期间，部分欧洲国家颁布了体育法，但是当时的体育法仅仅是关于体育行政机构和经费方面的有关规定。

直到第二次世界大战之后，体育运动的科学化和社会化越来越明显，体育在社会中正在潜移默化地影响着一代又一代的人，逐渐使得发展方向越来越接近“终身体育”。

直到今天，体育已经成为不同社会制度的国家来争金夺银的一种重要的手段。各个国家的政府机构也逐渐地重视体育的事务。

从20世纪60年代开始，各个国家又掀起了体育立法的热潮，许多的国家相继制定和颁布了自己的体育法。

体育的发展受到政治、经济和文化的制约，并与其相适应。随着社会的不断发展以及科学技术水平和经济、文化的不断进步，体育也逐渐受到人们的重视，并且作为一项独立的文化内容呈现在人们的面前。

3. 对体育交往进行一定的调整

体育交往的丰富内容来源于体育发展的历史过程。体育交往源自于人们的生产劳动。在人们生产劳动之余的闲暇里，通过模拟劳动、娱神活动和自娱等游戏方式形成体育活动的雏形。

在个体或群体的竞技体育交往中，虽然有一些约定的游戏活动规则，但是在不同的场景下有着丰富的变换内容，是人为的规定却又人为地改变。在游戏的发展过程中，人们自发内心地将自身在社会活动中的优势行为带入其中，竞争不可避免地展现出来。

游戏给了人们竞争的天地，在游戏的竞争中，某些限制性的规范性的要求被人们赋予理性色彩而加以运用，并且从中分化出早期的竞技活动进而扩展为更加广泛的体育内容。从某种意义上可以这样认为，体育的形成和发展与游戏活动的规范化有着不可分割的内在联系。

以公平竞争为前提，人们的体育交往尤其是现代竞技体育中的交往都以相应的规范机制为保障，这种规范化的体育交往随着人们社会生活范围的不断扩大和内容的逐渐丰富而成为体育交往的主要内容。

它包括以奥林匹克运动会、洲际运动会和世界性体育组织单项锦标赛为代表的、以人为制定的强制性统一规范——竞赛规则为依据的国际竞赛性竞技体育交往；以一个国家内部的具有民族特点的体育活动为代表的、以传统约定规范为基础，并根据时代发展而变化的群众性竞技体育交往；以法律、道德准则、社会舆论为制约的个体间的竞技体育交往。

体育交往中通常会存在着大量的约定形式，并且这些约定形式基本表现为制度、规则以及规程。这些规范性的约定认为对于参加体育活动的人能够起到一定的限制和教养的作用。

限制和教养的作用主要表现在以下几个方面：

（1）体育的交往规范一般是来自众多的体育项目实践，在大量的体育交往过程中，人们用规章制度的形式来限制参加者的行为，使其按照相应的规范和约定来控制自己的行为，使之不得超出前期约定的要求。

（2）体育交往的规范是建立在道德判断的基础上的认为约定，适应了社会发展不同时期对人们的行为规范的约束，同时，人们可以在自身不断完善的过程中，独立地形成了具有一定特色的规范体系。现代体育交往的规范性特色首先要表现在规范的公正性上面，这种规范的公正性不断地排除了各种狭隘因素的影响。

（3）由于体育交往的规范是建立在公平、公正的基础上，以人自身的身体活动和发展为目的，所以人们就要不断地融合不同的民俗、团体和体格，最终达到较高程度上的一致性，进而来满足人们广泛程度上的教养作用。

但是，我们在体育交往中也会出现一些异化的内容，有些人把规范性竞争交往演变成了野蛮的竞争交往或阴谋的竞争交往。

赛场暴力、收买裁判、使用兴奋剂等现象都是违反比赛规则的表现，通过这些现象我们可以认定，在体育交往内容中的异化现象给体育交往的本身带来了严重的负面效应。解决这些问题需要最大限度地约束参与者的行为，重点加强监督的环节，完善更好有关体育的法律法规，直到建立起一个相对公平的竞争机制。

二、我国体育法学的研究

（一）我国体育法学研究的起源

20 世纪 80 年代，随着我国经济建设的迅速发展和社会的变革以及人们生活水平的逐渐提高，我们国家的体育事业的发展进入到了一个崭新的历史时期。

在此期间，我国的体育指导思想产生了根本性的转变，体育改革的春风正在逐渐吹向祖国大地，学校的体育也进入到了一个变革的时期，群众性的体育活动正在社会的各个层面广泛的开展，竞技体育在国际的赛场上也取得了不小的成就，体育基础设施的建设也能明显有了改善，体育的规章制度也正在不断适应新的形势的变化，体育交往的范围也在不断地扩大。

我国的体育法学研究源自于我国体育运动发展的需要和体育法律的不断建立和完善，与此同时，体育法学又与我国建设社会主义法制社会的历史任务紧密联系在一起。

1. 行政管理的体制性保障

新中国成立以来，我国体育事业在党和政府的直接指导和管理下，形成了以国家体育行政主管部门负责管理全国体育的特色。为了尽快使新中国的体育发展成为我国社会发展具有标志性的文化形式，在国家社会生活中发挥体育增强民族体质、振奋民族精神、鼓舞人心的巨大作用，体育部门的宏观调控和直接管理显得尤为重要。

我国的体育行政管理部门根据体育发展需要，依照中华人民共和国宪法“提倡国民体育”和“发展体育运动”的法条，制订了一系列发展体育运动的规章制度，据不完全统计，具有法规性质的各种通知、办法、规定、简章等近千件。

我国的社会体育事业能够沿着社会主义的正确方向来发展很大程度上是得益于各种形式的体育规章制度的制定和执行。我国的体育规章制度主要有以下几个方面的内容：

（1）具有全局性、指导性和宏观性的文件。

（2）学校体育类的规章制度。

（3）竞技体育类的规章制度。

（4）群众体育类的规章制度。

（5）体育系统内部管理的规章制度。

（6）对外体育交往类的规章制度。

（7）地方有关部门根据国家部门的体育规章制度所制订的有关文件。

这些规章制度具有一定的专业性和行政化的特征：

（1）基本表现形式为通知、要求、办法、条例、计划、方案等，对体育事务实施规条式管理。

（2）主要是对体育事务的内部规定，通过正式立法程序所制订的体育法律很少。

（3）除了部分中央和国务院的通知外，大多数的规章制度都是具有指示性或有具体要求的文件，具有法律性质的那部分法规还远远不能满足对体育活动进行调整的需要。

2. 行政管理的体制性缺陷

我们不可否认的是，具有专业性的部门规章在对我国体育实施全面管理方面发挥了巨大的作用，但是从历史发展的实际来看，专业性的部门规章所调整和规范的范围依然是很有限的，在法律的效力甚至是法律的形式上来看都有着根本性的不足和欠缺。

在改革开放之前，我国的体育行政管理体制呈现出条块分割、垂直管理和自成体系的状况，因此，政府体育管理部门的专治性，社会协调和合作的必要性大大地降低了，进而会造成体育系统的封闭。

（二）我国体育法学研究问题分类

从近十多年以来的我国关于体育法学的研究成果来看，体育法学的研究问题主要反映在以下几个方面：

1. 对我国体育法制建设问题的研究

主要研究的内容有：我国体育法制建设的阶段划分以及重点问题，关于学校体育、竞技体育、社会体育等领域的法制建设问题，地方体育法制建设的研究，我国体育法制建设的现状研究，体育法制机构和工作队伍的建设，体育法律宣传教育问题，体育法制理论研究，我国体育法制建设发展的趋势，我国体育法制建设的战略构想等等。

2. 对《中华人民共和国体育法》的释义与研究

主要研究内容有：《中华人民共和国体育法》的指导思想、重要意义、法律基础、应用范围、法律适用等问题的研究，在《中华人民共和国体育法》实施的过程中相关问题的分析以及对《中华人民共和国体育法》修订的研究，对《中华人民共和国体育法》条目的释义等。

3. 体育法学体系的构建研究

主要内容有：体育法学的研究对象、体育法学的基本概念、体育法学的组成要素、体育法学的研究方法、体育法学的研究任务、体育法学与相邻学科的关系研究等。

4. 我国体育法的立法问题研究

主要研究内容有：关于体育立法理论与状况的研究，我国体育立法的发展进程及社会背景，我国体育立法的基本规律，建立体育法规体系的必要性，体育法规体系的含义、结构，我国体育法规体系框架的总体构想和中央级专门体育法规的基本构想，加入WTO对我国体育立法的影响，制定体育程序法律规范问题，加强全民健身、体育产业、反兴奋剂、反球场暴力等各方面的立法以及运动项目立法。

5. 外国体育法的研究及其应用

主要研究内容包括：外国体育法的介绍及比较研究，国际体育组织有关法律的制订、运用研究，国际体育仲裁问题的探讨，外国体育法学教育和研究的进展，奥林匹克运动法律及对我国开展奥林匹克运动的相关法律研究。

6. 社会层面上的体育法律实践问题

主要研究内容有：公民体育权利、体育纠纷的解决和法律救济、体育违法现象（使用兴奋剂、黑哨、假球、不道德竞争）的界定与处罚、体育无形资产和体育知识产权的问题、市场经济条件下体育经济活动中的法律问题、职业俱乐部问题、体育经纪与中介问题等。

三、体育法学的研究性定义及不足

（一）体育法学的各种研究性定义

目前我国体育法学的研究中对体育法学有着近似的定义，主要有以下几个方面：

体育法学是一门研究体育法这一特定社会现象及其发展规律的科学。

体育法学的主要任务是研究体育法以及体育法在现实生活中的作用的一门新兴学科。

体育法学就是研究体育法律规范、体育法律现象及其发展变化规律和机制的应用性学科。

体育法学是以体育活动中的法律现实为研究对象的具有法学部门特点的学科。

体育活动中的法律现实包括意识、规范、关系、行为等。这些现实呈现出变化和发展的动态性特点，同时也相互影响和转化。

（二）体育法学研究存在的不足

当前我国体育法学的研究在发展的过程中也暴露了一部分的问题，具体的问题如下：

1. 研究成果匮乏

研究成果数量不足。与我国法学的其他新学科相比，体育法学的研究成果不仅相关的理论专著比较少，就连研究论文的数量也明显不足。

2. 研究领域狭小

研究的领域相对狭窄。我国体育法学的研究基本上还停留在加强体育法制建设与构建体育法学体系方面，研究领域不够广泛，并且缺少有深度的研究内容。

3. 研究队伍落后

尚未形成较有实力的研究队伍。当前我国体育法学的研究者以体育方面的人员为主，法学方面专家还不多见。

这使得我国体育法学的研究还没有形成一个较有实力的研究队伍，研究的视角及水平都受到很大限制。

4. 社会影响力小

对体育法学学科的宣传较弱，社会影响不足。由于多种因素的制约，我国体育法学学科的建设比较缓慢，宣传的力度不够，还没有引起社会各界的广泛关注和投入，与体育在社会生活中的广泛影响相比，体育法学还远没有树立起应有的影响力。

5. 没有出色的研究体系

体育法在我国大学法学院的课程设置和研究中并未得到广泛的关注，

从事体育法研究的大多数是体育界的学者，体育法的研究在法学界受到了忽略，而体育界更侧重于从体育本身角度的出发来研究问题。

从我国的体育发展和法律建设的实际来看，对体育法的研究应当结合法律和体育两个方面的问题，从法律的角度来分析体育问题，从体育的问题来拓展法律实践，而形成具有特色的体育法学研究的体系。

第二节　体育法学的内容和发展

体育的发展为体育法提供了丰富的研究内容。体育法学的研究内容是相当丰富的，不仅有建立体育法学体系的学科理论性研究内容，更有体育法律实践中具体问题的探索，还有要以体育活动的时间为研究的基本出发点，也要构建我国社会主义法律精神，以实现对我国体育法系统的整体化建设。

关于体育法的研究内容，根据我们国家有关学者的观点，我们可以简单归结为以下几个方面：

（1）党和国家领导人关于发展体育运动的基本理论和有关指导体育工作的论述。

（2）体育法学的基本原理。

（3）体育法的一般原理。

（4）体育立法理论。

（5）体育法的实施。

（6）体育各领域的法律、法规。

（7）国外体育法学理论及比较体育法学等。

一、构建体育法律体系的理论研究

（一）体育法律的思想基础研究

马克思主义关于法律的基本思想和理论、建设具有中国特色社会主义的基本理论和指导思想、《中华人民共和国宪法》的基本思想，在我国社会主义法制建设进程中具有核心作用，同时也是我国体育法律的思想基础。对这些指导思想和理论进行研究，对把握我国体育法学的研究方向和体系构建具有重要的意义。

中共中央和国务院关于发展体育运动的重要文件在我国体育法律的思想基础中具有具体的指导意义。

（二）体育法律的价值研究

体育法律的价值是指体育法律在满足与适应社会主体维护体育活动的公正与秩序过程中需要的程度。对体育的不同价值取向可以造或在体育法律创制和执行中的冲突，其突出表现为经济效益与公平竞争价值取向的冲突、体育秩序与公平竞争价值取向的冲突。体育法律的价值研究是体育法律与人的关系研究，与人的社会存在和终极目的有着直接的联系，是对体育法律的意义和目的的哲学思考。

目前来说，这样的研究成果相对较少，主要观点体现在对法律的重要性认识上，从历史和社会哲学方面的阐述明显不够。

（三）体育法的原则研究

体育法律原则是各体育法律制度的原理和准则。体育法律原则没有明示，需要总结和提炼。

体育法律原则分基本原则和部门原则。基本原则有增进身心健康、公平竞争、提高运动技术水平、创造优异成绩、各类体育协调发展等。社会体育、学校体育、竞技体育、体育科研等部门也都有其特有原则。

（四）体育法的地位研究

是否确定体育法的独立性是我们国家的体育法律体系中一件重要的事情，这个结果的产生将会直接影响体育法和体育法学在今后的发展趋势。

研究者从体育法律部门中了解到有关体育社会关系的内容如下：

（1）具有相对独立性。

（2）主体具有广泛性。

（3）内容具有特殊性。

（4）客体具有复杂性。

正是由于体育社会关系所具有的这些特点和体育法的独立性，决定了体育社会关系也具有一定的独立性，使得体育法在调整社会关系的过程中逐渐形成了具有自身特色的、比较系统的和相对完整的规则体系。

二、体育实践中的法律问题研究

（一）群众体育中的法律问题研究

我国的全民健身法规体系和全民健身法制系统的构建与发展是很值得重视的问题，许多学者进行了研究。同时，还对我国群众体育的立法、建立法规体系和法制建设等进行了多样化的研究。有的还专门对居民小区体育设施建设等进行了一定的研究，有的研究还从社会体育法规建设的角度，讨论了开展社会体育活动中相关法规的作用。

（二）竞技体育中的法律问题研究

部分研究从宏观上进一步强调了加强体育法制建设的重要性。很多人对于竞技体育的技术性和社会性进行了发展过程和现实意义的讨论，进而提出了法律对于竞技体育调整的对象和规范体系，研究了我国的调整现状。

关于运动员成绩产权的问题，部分学者从法律的角度对这一现象进行了解析，进而提出了关于如何加强运动员流动法规建设的建议，有关此类问题，部分文章还特意研究了足球运动项目运动员的注册、转会等问题，关于运动员、教练员和裁判员的管理制度也进行了深度的剖析。

（三）学校体育中的法律问题研究

关于学校体育伤害事故的法律法规，我们应当保护学生、家长和学校等各方利益的角度出发，来实行体育伤害事故的保险制度，在体育法律法规还没有得到完善的时候，有些研究者虽然充分结合了很多的案例，但是对于诉讼被告和学校责任的认定问题上却存在有一定的偏差。

三、保证体育法律执行的研究——法律监督

体育是公民的基本权利，与生命权、生存权等有着密切的关系。体育法律应保证公民在体育活动领域享有平等和公平的权利。

实现以法治体有三个关键的因素：一是法律制度，二是法律执行，三是对法律执行的监督。没有法律制度，法律执行无从谈起，而缺乏法律执行，再好的法律制度也是形同虚设，但如果没有法律监督，则无法保证法律的顺利执行和执法的公正性。

（一）组织保障与制度保障的重要性

目前来说，许多体育法律问题都局限在体育的圈子内来解决问题，缺乏有效的监督。人们在强调体育法制的时候，一般都习惯于割裂社会因素对于体育法制的影响。

体育本身是一种社会活动，体育肯定离不开与社会的联系。现在许多涉及体育领域的案例已经证实了这一点，并且这些都牵扯到刑法、民法等领域。

有的研究者认为：体育领域有这么多的法律问题，在一定程度上是由于人们没有建立完善的监督机制，即使建立了相应的监督机制，但是没有达到公平公正的层面。

规条的制定者是你，实施者也是你，很可能起不到应有的监督作用。而从法律上却很明确，谁有利益关系，谁就要“避嫌”。但在体育界，从规则的制定，到规则的实施，到纠纷的裁决，其现状基本上都是某一个部门说了算，失去了法律意义上的一种公平正义。

体育运动除了技术规范层面的问题在制定、实施和监督上可以自己完成和进行外，其他层面的问题都应该纳入全社会的监督之下。没有监督的规则等于无规则。

1. 组织保障

科学设立体育事业单位的专门监管机构。联合政府具有普遍性质的监管部门，成立独立的、专门性的体育事业单位监管机构。政府逐步成立各级体育监事会或行业仲裁机构，建立咨询机构、监督机构和决策机构。

2. 制度保障

（1）体育事业单位监管机构要制定具有法律效力的行为规则和管制标准。

（2）根据体育单位的不同类别设立专业性法规。

（3）针对事业单位非营利性等特点设立约束性法规。

（4）切实做到依法监管。

（5）颁发和修改体育服务准入许可。

（6）调查体育单位的运营状况并合理公开相关信息。

（7）对相关体育单位的服务内容、质量、价格进行监督和依法依规处罚。

(8) 听取专家和社会人士对相关单位提供服务情况的意见并适时提出改进意见。

总之，各种法律的建立和完善是制度保障的基础。

3. 执法者居中

为什么现在兴奋剂的问题如此难以解决，其中很重要的原因就是执法者没有能够从根本上分清主次，监督人和被监督人往往是同一个层次的人，让自己去检查自己，这样的做法是一种不计后果的、愚蠢的做法。因为在巨大的经济利益的诱导下，有些运动员可能不会有较高的抵抗诱惑的能力。如果仅从部门行业考虑，处理问题就会受到很大干扰，矛盾会愈积愈多，各方意见都很大。

（二）行业自律的可行性

在体育管理的实际中，肯定会存在一些权限相互交叉的现象，有的部门会存在越位的现象，有的是在不同的地方由不同的部门来进行管理，甚至有的是在同一地区不同的部门同时管理。

不到位的情况主要是某些体育活动尚未实行有效的规范管理，甚至是没人管理。

1. 行业自律

立法。进行高层次立法。建立全国性的管理条例，体育活动涉及人们的身体健康和安全保证，具有很强的专业性和很高的技术要求，应当有依法设立的行业管理标准和服务标准。

增强服务功能与自身信誉，建立体育竞赛纠纷解决机制，运用纪律处罚的方法解决部分问题。

2. 体育仲裁

随着我国体育事业向市场经济体制的转型，体育中法律的纠纷也有很多，但是我们知道，体育的领域毕竟是一个专业性和技术性特别强的领域，在体育领域出现的很多纠纷和问题会涉及很多特别专业的知识。需要有精通体育的法律事务人员参与和体育有关的法律仲裁。

3. 制度

依据法律或者是其他的权威性规范所建立的解决体育纠纷的法律制度。

4. 司法介入

加大司法介入的力度，体育行业首先要依法办事，在法定的权限内开展工作，以政代法、以权代法、以情代法的现象应该严厉杜绝。

四、制定体育法律时要考虑的因素

（一）国家法律体系的基本精神和立法的指导思想

我国的体育立法工作始终以人民健康、社会主义建设和为国家服务为指导，显示出鲜明的社会主义特征。

在我们开展各项具体立法工作的时候，必然会用到立法的理论依据，那么这个依据就是我们国家进行体育立法的指导思想，我们只有在总的指导思想的指引下，我们国家的体育立法工作才能够走出一条正确的道路，才能够准确无误地规划好体育立法的有关工作，在这种情况的要求下，我们一定要制定出完善的体育法规，只有这样才能够满足我国体育发展的要求。

（二）体育体制改革的需要

客观规律和需要所决定的体育管理体制改革的不断深化，是一种无法改变的必然，我国体育的发展一定要尽快摆脱原有体制弊端的束缚，按照划分的事权、管办分离以及建立“小政府、大社会”的管理模式等改革要求，体育的行政机构是迟早要进行改革的。

随着我国经济的快速发展、成功举办2008年奥运会以及加入WTO组织以来所带来的历史机遇，这对我们国家的体育事业会有很大的推动作用，所以，我们在进行体育立法的时候不仅要考虑到历史的问题，而且还要能够抓住体制改革的机遇，进而制定出切实可行的法规。

（三）社会规范控制的需要

想要保证中国体育事业的健康、可持续性的发展，实现“依法治体”和“依法行政”，我们一定要逐渐的建立起一个健全的体育法体系，最大限度的形成一种法治传统，以国家宪法为指导，以体育法为龙头，以体育行政法规为骨干。我国的《宪法》规定：“国家发展体育事业，开展群众性体育活动，增强人民体质。”

要实现在全社会的范围内运用社会规范的方式控制体育的健康发展，

以法律的制度形式来规范和界定中国体育改革所取得的一系列成果，必须在制定规范体育的基本法律时考虑全社会的因素。

（四）法律依据与立法程序

无论任何法律和法规的制定都要遵循从实际出发的原则，我们国家的体育立法也要考虑到应达到的目标，并且不能脱离中国文化的氛围和国情，在立法程序方面也要保持一定的谨慎性，注意集思广益，现在我们看到的很多非常重要的法律法规也是经过人们千万遍的修改程序才得以问世的。

五、体育法学的发展

（一）国际体育法学的发展

1975 年，加拿大温泽大学体育学院首先开设了体育法学的课程，课程内容主要包括体育竞赛事故中的法律责任、体育纠纷诉讼等问题的学习和研究。同时加拿大的约翰·巴尼斯还出版了《体育与加拿大的法律》一书，概括地介绍了加拿大的体育法律和体育政策，结合社会、经济、管理等学科广泛地探讨体育运动中的法律问题。

1972 年，波士顿大学法学院设立了专门的体育法课程，并在 1978 年出版了《体育法》专著。在此期间，从事体育法研究的组织不断建立，相应的研究体育法律的刊物也不断出现。

1990 年，希腊体育法研究中心在雅典成立，并组织了第一届希腊全国体育法会议。

1992 年，希腊体育法研究中心与雅典大学体育法研究中心等组织了第一届国际体育法协会会议，建立了国际体育法协会（International Association of Sports Law，缩写为 IASL），成为促进国际体育法学交流的重要组织；出版了名为《体育法学：国家与国际体育运动——体育正义》的论文集，同时出版期刊《潘德克吞国际体育法评论》。

1996 年，国际奥委会体育和法律委员会成立，为讨论当前普遍影响奥林匹克运动中各组织（包括国际奥委会、国际单项体育联合会和国家奥委会）的法律问题提供了一个论坛。

在美国大概有 67 所高校的法学院设有体育法学的课程，从 1999 年到

2003 年的四年间，开设体育法课程的学校由 81% 上升到了 84%。由此我们可以看出体育法学在整个教育系统中的地位，以及在今后的现实生活中将会以一种什么样的占比出现在人们的视野中。

（二）我国体育法学的发展

体育法学是由体育学和法学结合而成的，是以体育活动中的法律现实为研究对象的具有法学部门特点的学科，是对体育法律规范、体育法律现象及其发展规律和运行机制等具体问题进行研究的学科。

我国体育法学的研究始于 20 世纪 80 年代前期，在 1980 年国家体育运动委员会召开的全国体育工作会议上，明确提出：要建立和健全体育法规，及早拟出中华人民共和国第一部体育法草案。

1987 年，体育法学研究会正式被中国体育科学学会体育科学理论学会接收为体育法学专业学科组。

2005 年 7 月，中国法学会体育法学研究会成立。

中国法学会体育法学研究会将会组织本领域的法学研究工作者和法律工作者，对体育法学和法制建设的重大理论与实践问题进行专题调研和讨论，并参与体育领域法律、法规、规章的研究、起草、修订、咨询论证工作。

20 世纪 80 年代以来，我国的体育法学的学科建设不断加强，研究领域逐步拓宽，研究水平有了较大的提高。

据不完全统计，至 2004 年底，发表的关于体育法学方面的论文有近 600 篇。

1987 年，我国最早发起和从事体育法学研究的五位学者完成了学术专著《体育法学概论》的编写（内部出版），第一次构建起我国体育法学的理论框架。

1994 年，由部分体育院校学者集体编写的《体育法学》（姜仁屏、刘菊昌主编）在我国《体育法》即将颁布的前夕正式出版问世。

目前，我国部分体育院校已经培养出多名体育法学研究方向的研究生，并有一些具有法律专业背景的学生进入体育专业研究生阶段的学习，一支有志于体育法学研究的年轻队伍正在形成和发展。

第三节 体育法学当前的主要任务

一、体育法学在体育人文社会学中的地位

我们知道，所谓的体育法学就是一门能够研究体育法律规范、现状及发展变化的应用性法学学科。

20 世纪 70 年代以前，只有为数不多的国家有体育立法，而从 70 年代后半期开始，通过体育法或重新制定体育法的国家数量急剧增加。

20 世纪 70 年代，各国掀起了体育立法热潮，很多国家相继制定和颁布了自己的体育法。

90 年代初，几乎所有东欧国家都颁布了体育法，系统化的体育法学研究开始产生。

1992 年，国际体育法协会（IASL）在雅典成立，成为推动和促进体育法研究国际交流的重要组织。该协会每年举办一次国际体育法大会，探讨的问题有：体育法与一般法的区别、体育权利必须在全世界范围内巩固、欧洲的体育与法律、体育法的国际运用、体育管理的法律结构、体育活动的法律责任、体育纠纷的解决、体育法与道德、运动员的权利。

在我国，随着西方体育的传入，尤其是 20 世纪初，伴随中国教育与体育事业的发展，体育逐渐受到各界人士的重视。

1929 年颁布的《国民体育法》是中国历史上第一部针对体育专门制定的法令。

1932 年又颁布了《国民体育实施方案》，该方案在体育行政机构的地位、场馆建设、体育经费筹措及体育师资培训方面都有所涉及。

1980 年召开的全国体育工作会议上，明确提出了要制定一部体育法。

1987 年，《体育法学概论》内部版出版，该书首次构建了我国体育法学的理论框架和学科体系。

1995 年，《中华人民共和国体育法》颁布实施。

1997 年初，国家体委颁布了《关于加强体育法制建设的决定》。

随着我国体育事业的深化发展，体育与越来越多的人发生着密切的关

系，由体育而产生的法律问题也随之迅速增加。在进入市场经济时代后，体育产业和体育市场的种种经济活动也出现了对体育法的强烈需求。在我国体育经济活动日趋活跃的过程中，适用一般经济法律法规并同时加强反映体育经济活动特点的专门立法，是体育经营与市场得以健康发展的必备条件。

在过去很长一段时间里，中国的体育管理基本是靠人治，而不是靠法治。在计划经济时代靠行政手段，进入市场经济时代则加强了经济手段的应用，但是仍然不习惯运用法律手段。

我国的体育立法不仅与发达国家相比差距甚大，远远不能适应中国体育的国际化发展，而且与国内其他行业相比也很落后，有关体育法理的研究更是滞后。

可以说，21 世纪中国体育改革与发展成功与否在很大程度上取决于体育的法制化进程，我国的民主化进程、法制化水平将获得极大的提高，体育的立法、执法工作实践任务将十分繁重，对体育法学研究的要求也越来越高。

而我国体育法学起步甚晚，学科体系不完整，研究队伍不整齐，如不能尽快改变这一状态，将使中国体育蒙受巨大的损失，甚至要走许多弯路。

二、21 世纪中国民主化和法制化的背景

21 世纪是我国政治文明建设、政治体制改革取得决定性胜利的时代。在中国现代化的进程中，必定伴随着民主化、法制化的发展。

在进入小康社会之前，人们尚不能解决温饱问题，当时由于社会财富比较匮乏，整个社会的文化水平也十分的有限，人们的自主意识、自我管理能力以及民主的法制意识都比较淡薄，这就不难想象国家的政治经济体制是由谁来垄断的了，当时政府调控政策不当，并且有高度的垄断特权，在经济上有一定的专制独权性，在政治上也是如此。

为了能够更好地推动坚持社会管理的民主化、法制化以及全面建设小康社会与和谐社会的历史进程，我们一定要切实贯彻从中央到地方以及各个行业都要顺应时代潮流的指导思想，根据社会的发展及时做出政策上的调整，在思想上一定要加强民族化和民主意识的培养，在法制意识上，加

快推进社会主义民主化和法制化的建设，共同把握主动权和主导权，共同完成全面推进民主化、法制化，建立社会主义民主政治和法治国家的历史任务。

这一民主法制的进程给我国体育的法治化发展带来了新的机遇，同时也提出了新的要求。在这一新的社会背景下，体育法学学科建设的任务将是相当繁重的。

一方面，体育改革与发展的法律保障对体育法学提出了新的需求；

另一方面，体育运动本身作为一种规则性的活动，对青少年以至全社会都承担着潜移默化的规范性的教育，体育法学必须将体育这方面的功能开发出来。

三、体育法学的学科任务

（一）为修订《中华人民共和国体育法》寻求法理根据

1.《体育法》应该从“体育管理”上升到“保护体育权利”上来

修订《体育法》，应当使《体育法》以社会利益为本位，正确处理国家、社会与体育的关系以及体育内部各主体（即体育机构、社会团体和公民）之间的关系，体现出体育的公益性，确保社会弱势群体的体育权利，如保护妇女、老年人、青少年、残疾人的体育权利；在体育市场经营中，保护经营者和消费者的合法体育权利；在职业体育中，保护职业运动员的劳动权利，处理国家运动员的退役安置和就业问题，做好运动员的社会保险工作等。制定体育市场的业务质量标准、公共体育设施的配置标准及居民区的体育用地指标，制定城乡公共体育设施用地指标等用以满足体育的社会需求。

2. 修订《体育法》应遵循的原则的研究

（1）平衡协调原则。即修订《体育法》要从整个体育协调发展和社会整体利益出发，调整具体的体育关系，协调各体育群体、部门之间的利益关系，以促进、引导或强制实现体育的社会公共利益。

（2）责、权、利相统一原则。即在体育法律关系中，各管理主体的权利（力）、利益、义务和职责必须一致，不应有脱节、错位、不平衡等现象存在。

（3）保护弱势群体原则。

(4) 促进体育社会化、产业化、职业化发展的原则。

(二) 为完善《中华人民共和国体育法》配套立法提供学术依据

当前，体育立法的重点项目主要围绕全民健身、体育市场管理、体育纠纷裁决（主要是体育仲裁）等。为此，天津体育学院于善旭教授对于完善《体育法》的配套立法提出了如下六点建议：

1. 加强体育管理体制改革方面的立法

主要包括：

(1) 全国行业系统体育工作管理的立法。

(2) 全国性体育协会管理的立法。

(3) 县级体育工作规范的立法。

(4) 体育俱乐部方面的立法。

2. 突出保障全民健身方面的立法

主要包括：

(1) 机关单位和企事业单位的体育工作管理法规。

(2) 对社会体育指导员的技术等级制度的规定。

(3) 尽快建立国民体质监测制度的立法。

(4) 填补促进民族民间传统体育发展综合性立法的空白。

(5) 组织制定促进各运动项目社会普及和群众参与的锻炼标准和管理办法。

3. 充实运动队伍和体育竞赛管理方面的立法

主要包括：

(1) 为了能够更好地去健全高水平运动员的管理制度，在运动组织方面我们要加紧制定体育俱乐部的管理法规；在运动员人才保护的方面，我们不仅要完善运动员的文化教育问题，还要完善运动员的注册、管理以及后备人才的保护等问题。

(2) 建立和健全体育竞赛管理制度的立法，一定要运用法治的手段去面对运动场上种种不合乎规范的现象和问题。

4. 强化体育设施建设与保护方面的立法

主要包括：

(1) 明确各级人民政府在公共体育建设中所应承担的具体责任，然后进一步加大对公共体育设施和体育场地破坏的惩罚力度。

（2）根据发展的情况对体育设施建设的资金额度进行调整。

（3）进一步加强体育场馆设施的使用以及其他专门体育场馆的使用和管理问题。

（4）对于机关和企事业单位的体育设施在条件允许的情况下一定要做出必要的让步。

5. 加快体育经营与市场管理方面的立法

主要包括：

（1）首先要制定出适用于全活性的体育经营以及市场管理的综合法律法规。

（2）随着社会的不断发展和体育事业的不断进步，体育的经营活动也不断丰富起来，那么我们就有必要制定出相对完善的单行法规。

6. 注重建立体育行业标准方面的立法

主要包括：

（1）重视标准化工作，并且提高其在体育立法中的地位，结合实际情况和现实中我们遇到的问题以及体育经营和市场活动，加强体育行业标准方面的立法。

（2）制定出不同类型的体育经营活动的专业技术指导标准。

（3）研究制定我国体育工作的总体评定标准。

（三）展开对体育执法工作的调查，提高执法质量

现在的社会中，很多地方的政府会直接批准或者是否定体育部分的文案，在越来越多的体育执法问题需要进一步处理的时候，我们应该加快制定体育执法的脚步。为加强体育执法和监督，应重点关注体育场地设施的建设管理、反兴奋剂、体育市场管理等问题，强化执法监督力度。

四、体育法学完成学科任务应解决的问题

（一）正确处理与母学科的关系

韩勇在《体育法与体育法的研究现状》一文中指出，是“体育法学”还是“体育与法律”，这是困扰国内外体育法研究者的问题。从学科上考虑，体育法是体育与法律的交叉学科。国外有学者认为，体育法已经形成了一个独立的部门，因此可用 Sports Law 表述这一概念和命名自己的著作。

也有学者认为用 Sports and the Law 更为合适，因为只是运用现有的部门法来调整体育领域的各种关系，并没有形成一个完整的法律体系。

体育领域的法律问题确实有与其他法律学科不同的特殊性，而这些特殊性，可以为它的母学科——法律和体育做出自己独特的贡献。由于中国社会和中国体育的特殊性，中国体育法学为世界体育法学的研究贡献出自己的一份力量。

就现在的法规现状来说，我们国家的体育法学依然还需要国外的部分法规来进行校正，这是一种国际化的视角，但是国际化的视角还有另外一层含义，就是将最具有中国特色的研究成果展现给世界。

体育法学以什么贡献给母学科，以什么贡献于国际体育法学研究？这两大主题将是新世纪中国体育法学必须回答的问题。

（二）体育法学研究队伍薄弱的问题亟待解决

目前来说，体育法学研究的主要力量来自于体育领域的学者，如各大体育院系和体育科研单位的教师和科研人员以及在政府部门中从事政策法规研究的公务员。

近年来，有越来越多的青年学者开始将研究重心转向体育法学。一些深层次高水平研究开始出现，一些法律工作者和法学学者及一些兼有体育与法律背景的学者开始从事体育法学研究，一批关于体育法学的博士论文相继问世。

目前，国内对体育法学的研究和关注主要集中在体育学界。由于体育学界的学者缺乏法学的基本训练，对体育法中的许多问题研究不深，体育法学研究与国外同类研究相比以及与我国体育实践发展的要求之间均有较大差距，存在着研究成果数量不足、质量不高，体育法学方面专著少，研究的深度和广度有待于提高，研究内容需要丰富等问题。

如何整合体育人与法律人的力量，解决好研究力量不足的问题，加强体育法学学术团体的工作，加强与国际体育法学界的广泛交流是今后应该努力的方向。

第七章　奥林匹克与体育人文社会学

奥林匹克运动是在奥林匹克主义的指导下，以体育运动和四年一度的奥运会庆典为主要的活动内容，促进人的生理、心理和社会的全面发展，最大限度地增进世界各国人民之间的友谊，在全球普及奥林匹克文化的大环境下，我们更加应该尽自己的一份绵薄之力来维护世界和平。

现代奥林匹克主义正在尝试用一种比较广泛的文化精神来指导和规范奥林匹克运动发展的方向。

第一节　现代奥林匹克运动概述

在公元394年的时候，古代奥运会遭到了禁止，在沉睡了1500年以后，19世纪末重现在世界的舞台。

18世纪，法国、英国、德国等资本主义国家的很多专家考察了古代奥运会的遗址，这些专家通过发掘相继获取大量的古奥珍贵文物和史料。在考察发掘的同时，已经有人提出恢复古代奥运会。

1793年，被誉为“德国国民体操之父”的杨氏率先提出恢复奥运会，但是没有能够得到国际社会的支持，在这之后，希腊为了庆祝从土耳其的统治下解放出来，决定每4年举办一次运动会。1844年，加拿大的蒙特利尔也召开过这样的运动会。

1883年，法国人顾拜旦建议举办类似古奥运会的比赛，但不是照搬模式，把过去只限希腊人才能够参加的古代奥运会扩大到全世界的范围之内，这是一个极其重大的突破，它让现代奥运会具有了新的、更加强大的生命力。

1892年，顾拜旦走遍了欧洲各国，宣传他的奥林匹克思想，1892年

11 月 25 日，它发表了题为“复兴奥林匹克”的著名演说。1893 年，他为了恢复奥运会，召开了第一次国际体育会议。1894 年 1 月，顾拜旦草拟了恢复奥运会的技术细节，致函各国征求他们的意见，并且决定可在 6 月再次召开关于恢复奥运会的会议。

一、探索阶段

1894 年 6 月 16 日，法、希、英、美、俄、瑞典、意、比、波希米亚、阿根廷、新西兰代表出席会议，日本、澳大利亚未出席会议，但致函表示支持。6 月 23 日，大会通过决议，成立国际奥林匹克委员会，总部设在法国巴黎（1915 年 4 月 10 日，因第一次世界大战爆发，总部迁入有“国际文化城”之称的瑞士洛桑），设立委员 14 人。6 月 23 日也因此被定为“国际奥林匹克日”。

顾拜旦制定了第一部宪章，以此来强调奥运会的业余性。大会选举了希腊人维凯拉斯作为国际奥委会的第一任主席，顾拜旦作为秘书长，当时规定了法语（后来为英、法两种语言）为国际奥委会法定语言。大会还规定沿袭古代奥运会的传统，每 4 年举办一届，由于古代奥运的奥林匹亚村已经成了废墟，刚刚恢复的第一次现代奥运会改在希腊首都雅典举行。

奥运会的设定项目不是很稳定，每年的奥运会项目都会有所不同，主办方可以临时调整项目，或增加或减少，项目内容重复，运动的场地缺乏一致的标准，不仅跑到的长度不同，而且场地的设计也不统一，另外比赛缺乏必要的规范。

1908 年的伦敦奥运会是奥运史上一个重要里程碑。英国是当时世界上最先进行竞技运动的国家，本国的竞技运动组织化程度也是当时世界上最高的国家，为了能够完整地进行本届奥运会，该奥运会的奥委会成员是由当时国际奥林匹克运动会和成员和英国的各个体育协会的成员来组成的，这种奥委会的人员组成方式也为后来奥委会的组织起到了一个榜样的作用。

本届奥运会的成功举办，可以说是奥运史上第一次比较完善的奥运会，此次奥运会的所有组织和技术性的工作都由专业性比较高的各个单项协会完成，从比赛制度的制定、赛程的编排直至裁判的选派等各项细节性的问题都得到了完美的解决。这为以后所有奥运会的技术和组织工作奠定了理论和实践的基础。

至此，奥林匹克的“三大支柱”的组织结构已经有了一定的框架，在奥运会进行的时候，各个部门的职责都比较明确，整套系统下来，为以后奥运会的举办列了一个相对完整的提纲。

这一时期，奥林匹克思想方面取得了重大的进步，其思想的进步主要表现在以下几个方面：

（一）提出奥林匹克主义的概念

即通过现代竞技运动的教育作用，使全世界青年身心均衡发展，友好相处，从而增强国际间的相互了解。但是，如何通过竞技运动来实现这一目标的具体构想还不成熟。

（二）体育运动和文化艺术的结合

人们为了能够更好地完成身心健康的和谐发展，找到两者之间的完美的结合点，人们便提出了这样几种构想，他们创造性地想象到可以把其他的文化形式融合到奥运会中去，更有甚者还探讨了戏剧和舞蹈与竞技运动相互结合的构想。

20 世纪初，建筑、雕塑、绘画、文学和音乐这五种文化艺术的比赛正式被国际奥委会纳入到奥运会中，并且于 1912 年的奥运会上正式开始这几种项目的比赛。可想而知，在艺术领域内生硬地使用竞技运动的手段去进行比较，肯定会有很多的弊端，但是这样的做法确实能够有效地帮助人们认识奥林匹克的人文价值和竞技价值，进而丰富了奥林匹克运动的精神以及文化方面的内涵。

（三）参与比取胜更重要

在 1908 年的时候出现了脍炙人口的奥林匹克宣言“参与比取胜更重要”。这一阶段存在的主要问题集中于对奥林匹克运动这一新生事物的认识上。一些人不理解现代奥运会与古希腊奥运会之间存在着本质的区别，以为它不过是古希腊奥运会的简单延续。

一些人看不到奥林匹克运动强调的教育价值，将其等同于单纯的竞技运动。

还有人试图将其变成一种低级的文化猎奇，如 1904 年圣路易奥运会的所谓“人类学日”表演。此外，对“业余运动员”的资格规定，有明显的社会歧视和阶级偏见。

在这个阶段即将结束的时候，1912 年在斯德哥尔摩举行的第五届奥运会，参赛国的数量比第一届翻了一番，运动员的数量同样也增长了7.5 倍，奥林匹克运动巩固了自己的阵地。

二、初具规模阶段

（一）奥运会的均衡和完整发展

奥运会更加完善和均衡的重要标志之一就是冬季奥运会和女子体育也逐渐加入到了奥林匹克运动会中来，发展至今，冬季奥运会已经成为现代奥运会必不可少的组成部分，我们可以想象到在冰天雪地的恶劣环境下进行竞技运动，对于现代的年轻人将会的一种怎样的磨炼，冬季奥运会的这个特点是夏季奥运会所不能取代的。随着冬季奥运会的正式加入，也弥补了夏季奥运会的不足。

1928 年女子田径比赛先是被正式列为奥运会的比赛项目，在竞技奥运的领域中独树一帜，同时也高度地体现了历史的进步性。

（二）项目重复问题得到解决

从 1924 年奥运会开始，体操摆脱了内容混杂的状态，形成了现代竞技体操的基本项目。

同年，国际奥委会将奥运会的举办期限定为 16 天，并规定除集体项目外，每个项目一个国家只能派 3 名运动员参赛。

1920 年的那届奥运会开始使用 400 米跑道，4 年之后这种跑道被确定为奥运会标准的跑道。

1924 年巴黎奥运会开始有了 50 米的游泳池。奥运场地设施在规范化的基础上，在 1932 年的洛杉矶和 1936 年的柏林奥运会上得到了一定程度的改善。

专门接待运动员的奥运村在 1924 年巴黎奥运会尝试后，于 1932 年洛杉矶奥运会开始正式设立。

1936 年希特勒统治下的纳粹德国举办的冬夏两届奥运会中，这种政治的意图表现得非常明显。

三、迅速发展阶段

第二次世界大战是人类历史上规模空前的战争，全世界有60多个国家和地区的20亿以上的人口先后被卷入，1940年和1944年两届奥运会被迫取消。“二战”后出现了复杂多变的国际局势。

如果“二战”前奥运的主要任务是自身内部的发展与建设，那么，“二战”后它所面临的挑战则主要来自外部。它能否适应社会环境的变化，在社会的各种矛盾冲突中求得发展，是它所面临的至关重要的问题。

第二次世界大战以后，奥林匹克运动得到迅速发展，出现了一系列新变化。奥运会的运动项目不断地增加，运动会的规模也在不断地增大，战争结束后的1948年奥运会有来自59个国家的4092人参加136个项目的比赛，1972年的时候则有121个国家派出7121名运动员参加了，195项目的比赛。

冬季奥运会参赛运动员数也由1948年28个国家669人，增加到1972年的35个国家的1006人，比赛项目也由22项增加到35项。

自1896年举行的第一届夏季奥运会到2012年止，已是30届了。目前举行的夏季奥运会有26个运动项目的比赛，包括田径、游泳（含跳水、花样游泳、水球）、体操（含艺术体操）、足球、篮球、排球、曲棍球、举重、自行车、摔跤、柔道、射箭、击剑、皮划艇、赛艇、帆船、马术、拳击、手球、现代五项、乒乓球、网球、垒球、棒球和羽毛球。

竞赛时间包括开幕式在内不得超过16天，根据国际奥委会的规定，得到国际奥委会承认的各国家单项体育组织及其所管辖的运动项目，才能进入奥运会比赛。

同时还规定，列入奥运会比赛的男子项目。至少要在三大洲40个国家和地区广泛开展。女子项目至少要在两大洲25个国家和地区广泛开展。

1992年以前，在举行夏季奥运会的同一年间，也举行冬季奥运会。它开始于，1908年的第四届奥运会，当时的比赛项目只有花样滑冰和冰球。后因一些国家和地区奥委会的反对，使冬季奥运会中断近20年。

经过顾拜旦主席的多方工作和努力，终于在1925年的国际奥委会会议上，重新讨论恢复冬季奥运会的问题。会上正式决定举办冬季奥运会，规定在夏季奥运会的同一年举行，每四年一届。但是届数按实际举办的次数计算，并决定把1924年在法国夏蒙尼举行的第十一届奥林匹亚德国际体育周的冰上运动会作为第一届冬季奥运会，到2014年为止，已实际举办了22届。

冬季奥运会主要比赛项目有现代冬季两项（滑雪和射击）、滑雪（高山滑雪、越野滑雪、跳台滑雪、自由式滑雪）、冰球、滑冰（速度滑冰、花样滑冰、短道速滑）、雪橇（舵雪橇、无舵雪橇）、雪板和冰壶等。

赛期包括开幕式在内不得超过16天。根据国际奥委会规定，要列入冬季奥运会比赛的男子项目，至少需要在两大洲25个国家和地区广泛开展；女子项目至少需在两大洲20个国家和地区广泛开展。

第二节　奥林匹克运动当中的人文传统

现代奥林匹克运动的人文传统不仅得益于古代的奥林匹克运动会，而且还在很大程度上依赖于文艺复兴以来的人文主义思想，同样也离不开现代奥运先驱们的不懈努力和追求。在现代奥运的先驱中，顾拜旦无疑是最受人瞩目的一位，他的一生都在做着不懈的努力，给现代奥林匹克运动注入了丰富而深刻的人文内涵。

其实我们应该能够很容易地联想到，顾拜旦的一生能够不畏艰辛，顽强奋斗以及坚持不懈的精神，同时也是奥林匹克精神在个人价值上的一种体现。

一、古奥运：宗教般的神圣感

古代奥运会的诞生地和永久举行地在奥林匹亚，这里原是自然崇拜的地方，到了公元前1200年左右成了祭祀宙斯的圣地。古希腊神话传说中有这样一种说法，那就是古代的奥林匹克运动会是力量之神赫拉克勒斯为祭奠他的父亲宙斯而兴起的一场祭祀活动。

（一）古奥运会追求和平

古希腊城邦间战争不断，人民饱受其苦，渴望和平安宁的生活。公元前884年，伊利斯和斯巴达两个城邦签订了《神圣休战条约》，规定：定期在奥林匹亚举行运动会，运动会期间任何一个携带武器进入奥林匹亚的人，都将被视为是对神灵的背叛，必须受到惩罚；城邦未对违约者实施惩罚，也被视为对于神灵的背叛。《神圣休战条约》规定，希腊各城邦任何时候进行的战争都不得侵入奥林匹亚圣区；休战期间，交战双方必须宣布停战，以准备参加奥运会。休战期间开始为 1 个月，后延长 3 个月。凡是在休战期间参加奥运会的人，都将受到神的保护。公元前 420 年，斯巴达在“神圣休战”期间将 10000 人的军队派往另一个城邦，因而被剥夺了参加奥运会的权利，每个斯巴达士兵也被处以两弥那的罚金。

在古奥运会举办之前，人们一般都会在宙斯神殿的旁边举行重大的仪式，仪式的具体内容如下：

（1）在祭坛点燃奥林匹克火炬。

（2）选 3 名纯希腊血统的使者。

（3）3 名使者手持火炬，奔走与城邦之间。

（4）宣告停止一切的战争活动，呼吁都来参加奥运会。

这样一来，当时的社会便能够出现一种极短时间的和平年代，这也体现了人们对于和平的渴望和对众神的一种信仰。

在举办奥运会的期间，每天都会举行一定的祭祀仪式，这种仪式通常会比第一天的仪式有所减弱，其中在第一天举行仪式的时候，人们通常会用百只牛头作为祭祀神坛的祭品。

古代奥林匹克运动会通常会给冠军办法用橄榄枝编织而成的花环，并不是现在我们颁发的金牌，对于颁发花环的情况，体现出了深刻的宗教含义。

我们知道在古希腊的神话中，橄榄枝是无比高尚和神圣的，奥运会的组织者选派父母双全的儿童，手持金刀来到宙斯神庙的橄榄林中，虔诚地将橄榄枝割下，然后编织成花环，作为冠军的奖品。

（二）古代奥林匹克精神

古代奥运会对现在人们在体育和其他领域的影响都是不可忽视的，它很有创造性地开创了一种组织模式，为后代人们积累了非常丰富的体育教育经验，形成了为后人所追捧的“奥林匹克精神”。

“奥林匹克的精神”的具体内容如下：

1. 和平与友谊的精神

和平与友谊的精神，即恪守“神圣休战”原则，化干戈为玉帛，化仇敌为好友。

2. 人体健美的精神

追求人体健美的精神，不仅较量体能．而且比赛健美，体现人的和谐发展原则。

3. 拼搏奋斗的精神

拼搏奋进的精神，即勇于进取，争当第一。

4. 公平竞争的精神

公平竞争的精神是保证所有参赛者公平竞技的原则，要建立一套相对完整的公平竞争原则和方法。在古代奥运会的对于行贿和弄虚作假的参赛者是有相当严重的惩罚机制的，不仅要取消比赛名次，还会有巨额的罚款，罚款的罚金将会用来建设宙斯的神像。

二、奥林匹克人文精神的恢复与传承

我们要想能够真正意义上理解奥运会的核心思想和哲学理念，肯定要充分研究顾拜旦这位伟大教育家的思想和哲学理念。

（一）创立现代奥林匹克运动

皮埃尔·德·顾拜旦（Pierre de Coubertin），1863 年 1 月 1 日诞生于法国巴黎的一个贵族家庭，他的父亲是一位画家，母亲是一位虔诚的天主教徒。他的童年是在一个闲适而幽静的小镇上度过的，他在这里养成了打网球、击剑、拳击、划船、骑自行车等体育爱好。

他天资聪颖，学习勤奋，对历史有一种特殊的偏爱，在中学时代就对古希腊的历史产生了浓厚的兴趣。他对艺术特别钟情，喜欢绘画，擅长弹钢琴，有着艺术家的超凡气质。

大学毕业后，他把全部的精力用到了法国的教育改革之中，陆续发表了《教育制度的改革》《运动的指导原理》《英国与希腊回忆记》《英国教育学》等著作，提出了许多教育改革与发展体育的建议。

1888 年，顾拜旦开始担任法国教育、体育训练筹备委员会秘书长，发起成立了“全法学校体育协会”，主张“充分接触大自然，进行激烈的体育竞技”。

顾拜旦于 1889 年产生复兴奥林匹克运动的意念，他认为应借助古希腊举办奥林匹克运动会的经验和传统，推进国际体育的发展。

1892 年他创办了《体育评论》杂志，并且正式公开提出恢复奥林匹克运动会的倡议。

他主张现代奥林匹克运动会应像古奥林匹克运动会那样以团结、友谊、和平为宗旨，但必须发展和创新，必须向一切国家和一切民族开放，并在世界各地轮流举办。此后，顾拜旦在欧美各国间奔走穿梭，大力倡导奥林匹克运动，为奥运的复兴大造舆论。

1894 年 6 月 16 日至 24 日。首届奥林匹克代表大会在巴黎召开，6 月 23 日，大会通过了关于成立“国际奥林匹克委员会”的决议，批准了顾拜旦起草的《奥林匹克宪章》，选出 14 人担任第一届国际奥委会委员，大会还决定，从 1896 年起，遵照古代奥林匹克运动会的传统，每隔 4 年举办 1 届奥运会，大会结束时。会场上响起了《德尔斐克太阳赞歌》，宣告了现代奥林匹克运动的诞生。

（二）第一届奥运会的人文特色

雅典是欧洲著名的文化圣地，是古代奥运会的永久举办地，这片土地曾经孕育了许多著名的哲学家、文学家、雕塑家等。雅典市中心的古城堡建在一座高 150 米、四面绝壁的小山上，著名的帕提农神庙矗立于古城堡的顶端，庙中供奉着智慧女神雅典娜，雅典城的名字就是以它的守护神雅典娜而命名的。雄伟的城堡、庄严的神庙、古代奥林匹克竞技场地等建筑精美绝伦。

然而，希腊政府却因财力不足而于 1894 年发表声明拒绝承办奥运会，顾拜旦心急如焚，立即从巴黎赶赴雅典，开始了艰难的斡旋。一次次失败，又面临着国际与国内的多重压力，顾拜旦几乎到了山穷水尽的地步。“精诚所至，金石为开”，顾拜旦最终以其深厚的素养、执着的理想、真诚的愿望和高超的技巧，深深地打动了希腊王储康士坦丁，激起了王储在希腊土地上复兴奥林匹克运动的热情，王储同意担任奥运会组委会名誉主席，接管了奥运会的一切筹备工作，雅典奥运会才没有被扼杀在摇篮里。

（三）现代奥林匹克运动思想体系

顾拜旦依然沿用了四年一届的举行时间间隔，并且规定出了在奥运会举办期间的一些特殊仪式，如点燃圣火、举手宣誓等。他为奥林匹克运动付出了他毕生的精力，更为值得一提的是，现代奥林匹克运动的五环标志就是顾拜旦为了表达五洲和谐的意愿而亲自设计的。

顾拜旦之所以是现代奥林匹克运动的奠基人，他不仅注重奥林匹克运动的文化形式，还非常看重这些文化形式背后所表现出来的内涵，顾拜旦为奥林匹克运动的发展奠定了深厚的理论基础和现实价值。

他起草了《奥林匹克宪章》，阐述了奥林匹克运动的哲学基础、教育功能和美学追求。他第一次提出了“奥林匹克主义”的概念，并且赋予这一概念很多美好的含义，这些含义是“维护世界和平”“对奋斗、和谐的狂热崇拜”“对自我超越和自我克制的追求”等。

努力追求世界和平以及人的身心和谐发展，为了达到这个美好的愿望，顾拜旦高度重视教育和文化的作用。在顾拜旦看来，为了能够增加体育运动的魅力，提高运动的精神价值，一定要注重将文化教育和竞技体育做一个完美的结合。

奥林匹克运动的宗旨就是通过开展体育竞技的活动，教育人们为了实现和平美好的社会而努力。顾拜旦创立现代奥运的动机之一是能够把全世界的年轻人召唤到运动场上进行竞争，而不是在战场上进行厮杀，也是为了培养“彬彬有礼的公平对待精神，以避免大国沙文主义的展示”。

顾拜旦希望奥林匹克运动能够成为一种维护世界和平的力量。第一届奥运会在成功举办以后，顾拜旦就坚定地认为奥运会并不是一次性的国家节日，而是一种持续性的国家活动，在很多场合顾拜旦毫不掩饰地表示：“只要能够消除种族隔离的偏见，我们才能够有和平的生活，在实现这个目标的时候，没有什么其他的更好的方式来实现了，这个方式是世界上最好的一种能够定期将全世界的年轻人聚集起来，并且进行肌肉力量和敏捷性的测试。”

顾拜旦很理性的认为，能够让全世界人民相互的热爱，这是一种天真和幼稚的想法，但是让人们之间相互的尊重却并不是空穴来风，为了相互之间的尊重，各族人们应该需要首先相互的了解。

四年一届的奥林匹克运动会正式给全世界的各国人民提供了一个良好的相互了解、加强友谊的平台。

对于如何丰富奥林匹克运动的思想体系以及提升奥林匹克运动的精神文化追求，顾拜旦的很多思想都起到了指导性的作用，在他看来，所有人能够为了自己的理想去不懈努力，这将是一件非常伟大的事情，奥林匹克运动已然成为人们向往和平的象征，具有非常重要的文化内涵，更加值得一提的就是奥林匹克运动已经成为一种教育和道德的工具出现在人们的面前了。

1978年，国际顾拜旦委员会在瑞士洛桑成立，该委员会主要任务是研究顾拜旦的著作，传播顾拜旦的思想。

1937年9月2日，顾拜旦在瑞士的日内瓦去世，享年74岁。遵照顾拜旦的遗愿，人们将他的骨灰和心脏安葬在希腊的奥林匹克山下。

墓碑四周的山坡上苍松挺拔，茂密苍翠，庄严肃穆，一颗永不平静、不断进取的博爱之心终于可以在这里安静地歇息了。顾拜旦虽然永远地离去了，但他的精神永存，他所燃起的奥运圣火越烧越旺。

人们将永远铭记着顾拜旦临终前的那段发自肺腑、语重心长的话——“这是用太阳的火种点燃的火炬，它来自奥林匹亚，它将照亮并温暖我们的时代，请在你们的心灵深处小心翼翼地守护着这团火”。

第三节　人文奥运的建设

2008年，北京举办了一届全新的奥林匹克运动会。北京提出了“绿色奥运”“科技奥运”和“人文奥运”的三大理念。

“科技”“人文”“绿色”和“奥运”这4个概念中，“奥运”只是手段，不是目的。也就是说，我们举办奥运的目的，不仅仅是为了拿几块金牌，争什么“体育大国”，而是借“奥运”之机，努力传播这三大理念；而这三大理念当中，“科技”和“绿色”也只是手段，“人文”才是目的。

因为“科技”的直接目的是为了财富的增加，“绿色”的直接目的是为了环境的保护，增加财富和保护环境都是为了人类自身。如果离开了人，增加财富和保护环境没有任何意义。

因此，只有这两者始终遵循“人文”的理念，才不会迷失方向。

因此，2008年北京奥运会，我们必须高举“人文”大旗，努力消除奥林匹克异化现象，恢复奥林匹克的“人文”传统。为此，我们必须立足于“人文”，以“人文”理念来统领、阐释“绿色”和“科技”两大理念。

一、绿色奥运：弘扬天人合一的观念

现在我们所面临的环境问题完全是由人类自身的原因造成的，我们知

道西方的科技技术的非常先进的，但是他们的发展无一不是以牺牲环境为前提的，虽然他们给人类创造了巨大的财富，但是这些财富的创造基本都要牺牲一部分我们赖以生存的家园，现在环境问题已经成为世界性的难题，日益恶化的环境逐渐开始威胁人类的生存和发展。

（一）奥林匹克的异化是“人类中心论”的产物

通常，西方社会经济的进入与否都会以财富的增长来衡量的，这一衡量的标准是建立在“人类中心论”的基础之上的。

我们所说的“人类中心论”就是把人当作世界万物的主宰和灵魂。自古以来很多学者都强调了人在自然界中的至高无上的地位，当然随着社会进步和工业文明的崛起，这一论证似乎得到了一定的验证，尤其是到了达尔文的进化论出现，人至高无上的地位更是不可撼动。

奥林匹克运动追求的是“更高、更快、更强”，这就要求我们在进行奥林匹克运动竞技的时候一定要努力寻求出一种最大极限的发挥，像这样对人类最大极限的发掘，很可能会对人体的健康造成一定的伤害，特别是人们在刻意追求金牌或者是利益的时候，这种愿望将会更加的强烈，更有甚者有些人为此付出了生面的代价。随着科学技术和医疗水平的逐渐提高，兴奋剂和转基因又开始兴风作浪，有些人为了能够取得更加优秀的成绩真可谓不择手段。

1886 年，1 名英国自行车运动员因过量服用兴奋剂而死亡，人们并不知道他的名字。

1960 年的罗马奥运会上，丹麦自行车运动员克努德·詹森也因服用酒精和苯丙胺混合剂死亡。

（二）净化奥运需要中国的“天人合一观”

大自然终于开始报复人类了，面对大自然的各种形式的报复，西方的世界便开始了积极的行动和应对方法，如定期召开环境会议、停止核试验等等，但是我们不难发现，这些所有的措施只是停留在一个相对浅显的层面上，要想实现这个愿望，我们一定要有一个较高的理想或者哲学的基础作为支撑。

“人类中心论”在一定程度上加快了人类破坏自然、掠夺自然的脚步，要想从根本上杜绝这种现象，我们就要改变“人类中心论”这个理念。

当我们静下心来反思的时候，我们不难发现，从古老的中国一直延续至今，人们总是生活在一个相对安逸的环境下，人与人之间和谐相处，人与自然之间也相处的十分融洽，五千多年的历史进程中从来没有改变过，但是从西方工业革命产生以来，仅仅200多年的时间，大自然便被破坏的千疮百孔。中国人自古以来就讲究“天人合一观”，用这种观念来取代西方的“人类中心论”是最合适不过的了，同时还能够治疗部分西方人的狂躁症。

在体育领域中，为了能够更好地削弱奥林匹克的异化，国际奥委会主席罗格一直主张要让奥林匹克更加具有人性化的特征，2008年北京奥运会主张净化奥运，并提出“绿色奥运”的理念。

综上所述，为了能够进一步净化奥运，我们一定要摈弃“人类中心论”，以中国的“天人合一观”取而代之，同时也是“绿色奥运”中应该出现的概念和意义。

二、奥林匹克运动需要有科学精神

科学，“科”即法则、规律，“学”指学问，“科学”的意思是“研究规律的学问”，它的英文是science。“science”有两层意思，一是“知识体系”，二是“求真方法”。相应地，科学精神包含两点，那就是客观性和创新性。

（一）奥林匹克运动需要客观精神

现代所谓的客观性，就是要从心底上承认科学真理的客观性。就是我们在进行对事物评判的时候一定要自始至终服从真理，不轻易屈服于权威，我们都知道，近代科学的产生，西方人付出的代价是很大的。

同样，奥林匹克运动，也必须遵循科学的“客观性”。

1. 奥林匹克运动只是服从事实，不服从权威

奥林匹克运动的客观性原则，也是奥林匹克精神中的公正原则。公正原则是参与奥林匹克竞争的行为规范。奥林匹克精神蕴含了公正、平等、正义的内容，承认一切符合公正原则的优胜，唾弃和否定一切不符合道德规范的行为。

奥林匹克精神的巨大魅力在公正的原则上得以良好的体现，如果没有公平和公正的原则，体育的竞赛就不可能正常地进行，这是社会发展的必然趋势，如果一场比赛没有了公平、公正性的保证，那么，就不会有人去

参加这场比赛，现代世界的体育事业发展得如此辉煌，正是由于人们都遵循公正和公平性的原则。

目前，我国竞技体育的发展中存在着一些有悖于客观精神的现象和问题。第十届全国运动会是我们备战2008奥运会的一次重要演练。然而，其间暴露出的诸多问题值得我们去关注和反思，如假摔、服药、无故弃权，不管他们的目的何在或是有何苦衷，他们所选择的做法都是对竞技体育客观精神的亵渎，是对公正和正义的挑衅。

对此，有关方面对假摔判以重赛，对服药判以比赛成绩无效及禁赛，这些都是抵制权威、维护公正的有力措施。

随着体育商业化程度越来越高，以及像奥运会这样的大型运动会越来越受到重视，体育纠纷不仅不断增多，而且靠旧有机制很难妥善调和。体育争议解决机制的变革也变得迫切起来。

2. 奥林匹克运动一定要遵循人体运动规律

竞技体育的目的不应该仅仅是提高运动成绩，而是应该为维持和促进人的身体健康服务的。许多运动员寿命短、疾病多、衰老快、运动的青春期短，主要原因就在于没有遵循科学的客观精神，在一定程度上违反了人体运动规律。

据法新社报道，英国的体育科研机构表示，足球运动员最容易受伤，受伤几率大大超过了网球等项目。调查发现，年轻的足球运动员中，63%的人有伤。足球运动是一项具有较高技术要求条件下的，可身体直接接触的对抗运动，同时对运动员的力量、速度、耐力、灵敏以及柔韧方面要求相对较高，赛前训练的时候如果强度的安排不够科学，这样的话就可能导致疲劳的增加，使运动员在场上的反应能力下降，导致比赛中自我保护能力的降低，就必然会造成损伤的发生。

竞技体育如果不尊重运动规律和人体自身的发展规律，不仅不能使运动成绩得到提高，甚至会给运动员带来生命危险。

提高运动成绩应该是一个渐进的过程，是在摸索、总结和遵循客观规律的基础上，通过科学的训练方法来实现的，而不是依靠无视客观规律，盲目加大运动强度和难度的错误做法。

（二）奥林匹克运动需要创新的精神

我们再来谈谈“创新性”。因为科学永远是在探索未知世界，是在寻找事物的本质和规律。

创新不仅是科学发展的灵魂，也是竞技体育发展的灵魂。为此，由国家体育总局制定的《奥运争光科技行动计划》中要求针对训练实践中的关键问题，组织科研攻关，加强技术创新。

1. 演绎创新法

所谓演绎，就是由一般到个别的推理方法，即从普遍性的原理出发，推出个别性的结论。牛顿发现万有引力的方法就是演绎法。他从“向心力使物体受到指向一个中心点的吸引或推斥或任何倾向于该点的作用”这一普遍原理出发，找到了月亮和地球之间的引力。

“高原训练法”的创造就运用了演绎法。高原训练是指有目的、有计划地将运动员组织到具有适宜海拔高度的地区，进行定期的专项运动训练的方法。

到目前为止，世界各地已建成60多个高原训练基地，几乎所有奥运会项目的各国运动员在赛前都会进行一定的高原训练。

2. 归纳创新法

所谓归纳，则是由个别到一般的方法，即从一系列个别性的前提出发，推出一个一般性的结论。但这样得出结论不一定正确，容易犯“经验主义”或“以偏概全”的错误。

我们还一定要进行科学实验，去找出现象与结论之间的必然联系。这就是科学归纳法，通过科学归纳法得出的结论才是永真的。

类比是一种特殊的归纳法，是从个别到个别的方法，即从个别性的前提推出个别性的结论，它的结论是否正确也必须经过科学验证。

由此可见，我们不能把“科技奥运”仅仅理解为竞技体育需要科技，而是更需要科学精神，科学精神为它提供动力和指明方向，必将为竞技体育带来美好的明天。

三、人文奥运：运动员呼唤人文关怀

“人文”包含了两个基本的内涵，一个是文化，另一个是以人为本。

（一）“人文”的核心是权利

近代人文主义运动或文艺复兴运动将西方社会带人理性主义时代，民主与科学就是西方理性主义文明的两大成果。但是，随着神学的逐步退却，理性主义日益泛滥。

理性主义过分强调人的理性，把理性作为人的本质，而人性是多方面的，它不仅需要有理性，更需要的是情感、是温暖，而科技、理性主义则剥夺了人的这一需要。因此，理性主义逐渐遭到批判，取而代之的是“非理性主义”，也叫作现代“人文主义”。

1. 东方的“人文主义”

很多人认为中国文化里有着丰富的人文精神，理由是中国文化一向强调“以人为本”，而“以人为本”正是“人文精神”的核心内涵。

其实，中国传统文化和西方“人文主义”虽然都强调“以人为本”，但两者的含义却是完全不同。中国文化的“以人为本”，更确切的表述应该是“以民为本”，而“民”是一个整体概念。

“以民为本”就是要把整体利益放在首位，要求每一个人为了这个整体利益，甘愿放弃自身的个体利益。也就是说，要求个体尽可能地放弃权利去尽义务，正如孔子所说的“君子喻于义，小人喻于利”。那么谁来代表整体利益呢？当然是皇帝，“普天之下，莫非皇土；率土之滨，莫非皇臣”。

2. 西方的“人文主义”

而西方人文主义中的“以人为本”，其主要内核是强调对个体利益的关注，强调对自身权利的维护，这里的“人”就是“个人”。强调整体还是强调个体，强调义务还是强调权利，正是东方与西方、传统与现代的重要分界线。由此可见，“People's Olympics”（人文奥运）强调的是传统，“Humanistic Olympics”（人文奥运）强调的是现代，这是中西文化的差距，也是中西文化冲突的主要根源。

由此可见，我们提出的“人文奥运”的理念，最重要的就是最大限度地去关怀每一位运动员，自觉地去维护他们的权利、自由和尊严。

（二）关怀运动员的身体状况

专业运动员中，绝大部分都是伤病缠身，尤其是一些运动员退役以后，还受着伤病的折磨。众多触目惊心的运动伤病调查数字以及不断增加的训练、竞赛中的死亡名单，都显示出运动员的身体状态并不像常人所想象的那样“强壮”。

健康是人存在的最基本条件。为此，我们必须首先把运动员当作一个普通个人来关照，各种短期，长期训练计划的制定，要以保证运动员的健康和正常的生长发育需要为最高出发点，在训练中完善加强保护措施，使运动员能够在正常的生长发育的基础上，提高体能的训练以及技术方面的加强，进而取得更好的成绩。

（三）关怀运动员情感的需要

人的各种需要是平衡的，压制了他们的社会交往需要、感情需要、尊严需要，他们就会通过别的破坏途径发泄出来，这也容易造成社会不稳定因素。一部分运动员道德水平低下，出口骂人，一有矛盾就大打出手，这些都是运动员们长期压抑后的发泄途径。可见，我们对运动员队伍的管理，一定要真正落实人文关怀，充分发展他们的个性。这样，才能进一步提高运动员的素质与修养，给他们更多的发展空间。

（四）关注运动员的受教育权利

“体教结合”的概念已经提出了近 20 年，但是却一直都没有得到有效的实施。某些部门急功近利的想法，不仅损害了运动员的基本权益，更使我国的竞技体育在可持续发展的道路上举步维艰。

在我国现阶段，把所有运动员都送进大学课堂获得和同龄人一样的教育机会，这样的想法是不太现实的，可行的办法是在尽可能的加强运动员的文化基础教育的基础上对他们进行因人而异的再就业培训，尽最大限度地让运动员在退役后都有一技之长。能够在社会上参与竞争，实现自己的“第二次人生”。

（五）关怀运动员退役后的出路

我们知道，当运动员退役之后便不能继续享受国家的补贴了，这些运动员基本上都是从小就开始进行训练，对于社会的生存能力相对比较低下，当他们还是运动员的时候，通常来说工资是很低的，除非在运动生涯有过比较好的名次，比如刘翔，虽然现在退役了，但是，在他的职业生涯中却有着很可观的经济效益，那么对于退役之后的生活也就不必太过担心了。这只是诸多运动员中的个例，绝大多数运动员在自己的职业生涯中都是默默无闻地度过，那么摆在我们面前的一个问题就是对于他们退役之后的生活怎么来保障。

他们为了国家体育事业的发展，也为了国家的荣誉甚至贡献了自己的一生，所以我们一定要保证好运动员退役之后的生活问题，同时，如果现在大多数退役运动员的生活非常困难的话，那么，也会影响下一代人对于竞技体育运动的热爱程度。

我们可以建议国家能够把更多的资金用于运动员的退役善后安置上，让他们能够老有所依，我们只有保证了绝对多数运动员的生存需要之后，才能够使他们进一步发挥余热，同时对我国体育事业的发展也起到一定的促进作用。

综上所述，北京奥运会三大理念的提出旨在恢复和重建奥运会的人文传统。

1. 绿色理念

“绿色奥运”理念，要求我们能够弘扬中国文化中的“天人合一观”，热爱自然、保护环境的和谐意识，关注人类命运的忧患意识。借助北京奥运会，让中国文化在与西方文化的碰撞、融合中走向复兴。

2. 科技奥运

“科技奥运”理念，要求我们学习西方文化中的科学精神，“坚持真理”和“追求真理”的理性精神，严谨细密的科学思维和科学方法。

3. 人文奥运

“人文奥运”理念，要求我们学习西方文化中的人文精神，遵守规则、维护权利的法治意识，热爱自由、关怀人性的民主作风以及对运动员给予充分的人文关怀。

四、2008 年北京奥运会的精神财富

（一）北京奥运精神的迁移性

奥运是一个由多极主体参加的社会文化活动。每一届奥运从申办的准备到申办，由筹办到举办，历经数十年的时间，在这一过程中，各主体之间通过建立相互的联系和交往，实现着各自的价值目标。

奥运精神的迁移性表现在不同主体之间以认同、传递及影响的方式，实现多极主体对奥林匹克精神价值的追求。奥运后，作为精神财富仍然与多极主体的价值追求紧密联系。

中国因申办、筹办和举办奥运而彰显的为国增光的爱国精神、艰苦奋斗的奉献精神、精益求精的敬业精神、勇攀高峰的创新精神、团结协作的

团队精神，已经成为中华民族宝贵的精神财富。这一精神财富因奥林匹克的体育盛会而凸显，但又远远传播在奥运时空之外的广阔中华大地，传播在13亿中国人民的心中。

中国人民因为筹办和举办奥运理解了奥林匹克精神的内涵和意义，并将这种精神与中华民族精神契合在一切，形成了新时期中华民族弥足珍贵的精神价值追求。这种精神因北京奥运盛会而铸就和升华，也因北京奥运所催生的巨大力量而向各个领域和行业迁移。

（二）北京奥运精神的实践性

北京奥运精神对现实社会的辐射力，极大地影响着今天的社会生活，为社会的发展注入了精神的力量。

当中国运动员努力拼搏获得金牌，让中国国旗升起、国歌奏响时，赛场内外的激情和喜悦，及这种情感激发起的对国家和民族的挚爱；当志愿者活跃在奥运赛场与城市的每个角落奉献爱心时，他们的精神感召着社会；当浩大的私车族以东道主的姿态，主动加入“少开一天车，还一片蓝天”的行动时，人们对生存环境的保护有了“从我做起”的姿态；“迎奥运、讲文明、树新风”活动中，让世界看到了遵守规则、举止文明的礼仪之邦。

北京奥运精神既是一种精神文化，也是一种行为文化，对人们的观念、行为以及社会生活和人际关系有教化、聚合、凝结、调节、引导的作用。

（三）北京奥运精神的传承性

北京奥运精神对中国的发展有着不可忽视的作用，人类通过自己的双手创造并且改变了历史，在历史的进程中，社会总是选择有精神价值的形态，在历史的潮流中，经过自然的选择，能够留下来的总是那些对人类社会进步有着重要作用的精神和理念。所以我们对于那些有价值的理念和精神，一定要最大限度地去传承，进而使得我们的社会向着更好的方向发展。北京奥运精神在一定程度上实现了社会的发展和人的价值，成为新的精神价值主体。

1. 空间上的表现

北京奥运精神有着独特的民族性和社会性的特征，正是这两种特征决定了背景奥运会精神的广泛性，它有效地通过一个拥有五千年文明历史的国家举办的一场世界性质的体育盛会，向全世界传递一种属于中国独有的价值观。

2. 过程上的表现

不可否认，北京奥运会的精神是中华民族精神和奥林匹克精神相互结合而产生的特定的结果。伴随着北京奥运精神的发展，它所承载的文化也会随着奥运精神的传承而继续传承。

北京奥运精神是中国文化得以传承的一个重要标志。北京奥运精神在世界的政治、经济等领域都有着非常重要的作用，同时，北京奥运精神对于展示中国在世界舞台上的地位同样有着不可忽视的作用。

参考文献

[1] 卢元镇. 体育人文社会学概论高级教程 [M]. 北京：高等教育出版社，2003.

[2] 刘志坚，徐北妮. 管理学——原理与案例 [M]. 广州：华南理工大学出版社，2002.

[3] 肖林鹏. 中国竞技体育资源调控与可持续发展 [M]. 北京：北京体育大学出版社，2006.

[4] 张福墀，杨静. 管理哲学 [M]. 北京：经济管理出版社，2003.

[5] 李宗浩，毛振明，周爱光. 体育人文社会学导论 [M]. 北京：人民体育出版社，2008.

[6] 谭华. 体育史 [M]. 北京：高等教育出版社，2005.

[7] 徐家杰，孙汉超. 体育管理学 [M]. 武汉：武汉工业大学出版社，1993.

[8] 龙天启. 体育哲学基础 [M]. 北京：北京体育学院出版社，1989.

[9] 曹湘君. 体育概论 [M]. 北京：北京体育大学出版社，1995.

[10] 周爱光. 竞技运动异化论 [M]. 广州：广东高等教育出版社，1999.

[11] 林卉. 中国2008年奥运会若干行政法律问题研究 [J]. 北京体育大学学报，2002（1）.

[12] 赵豫. 体育经纪中法律关系探析 [J]. 体育文史，2000（4）.

[13] 李季芳，周西宽，徐永昌. 中国古代体育简史 [M]. 北京：人民体育出版社，1984.

[14] 谷世权. 中国体育史 [M]. 北京：北京体育大学出版社，1997.

[15] 成都体育学院体育研究室. 中国近代体育史简编 [M]. 北京：人民体育出版社，1981.

［16］荣高棠. 当代中国体育［M］. 北京：中国社会科学出版社，1984.

［17］金银针，罗小华. 艺术概论［M］. 北京：武汉理工大学出版社，2006.

［18］胡小明. 体育美学［M］. 成都：四川教育出版社，1987.

［19］黄琳华，夏滟洲. 艺术概论教程［M］. 上海：上海音乐学院出版社，2006.

［20］陈望衡. 中国美学史［M］. 北京：人民出版社，2005.

［21］张耀庭，张山，蔡云龙. 中国武术史［M］. 北京：人民体育出版社，1997.

［22］李艳翎. 奥林匹克运动全书［M］. 北京：国际文化出版公司，2001.

［23］卢元镇. 中国体育社会学［M］. 北京：高等教育出版社，2005.

［24］全国体育学院教材委员会. 体育史［M］. 北京：人民体育出版社，1993.

［25］孙葆丽. 奥林匹克运动与中国［M］. 北京：大众文艺出版社，2000.

［26］任海. 奥林匹克运动［M］. 北京：人民体育出版社，2003.

［27］全国体育学院教材委员会. 奥林匹克运动［M］. 北京：人民体育出版社，1993.

［28］任海. 奥林匹克运动百科全书［M］. 北京：中国大百科全书出版，2000.

［29］杨启光. 文化哲学导论［M］. 广州：暨南大学出版社，1999.

［30］周西宽. 体育基本理论教程［M］. 北京：人民体育出版社，2004.

［31］杨文轩. 体育原理［M］. 北京：高等教育出版社，2004.